KB129385

내가 사랑한 공간들

내가 사랑한 공간들

발행일
2019년 11월 30일 초판 1쇄
2023년 1월 10일 초판 7쇄

지은이 | 윤광준
펴낸이 | 정무영, 정상준
펴낸곳 | ㈜을유문화사

창립일 | 1945년 12월 1일
주소 | 서울시 마포구 서교동 469-48
전화 | 02-733-8153
팩스 | 02-732-9154
홈페이지 | www.eulyoo.co.kr

ISBN 978-89-324-7410-6   03100

* 값은 뒤표지에 표시되어 있습니다.
* 지은이와의 협의하에 인지를 붙이지 않습니다.

내가 사랑한 공간들

삶의 안목을 높여 주는
공간 큐레이션 20

윤광준 지음

⊗ 을유문화사

서
문

그 공간에
아름다움이 숨어 있다

매일 공원을 가로 질러 작업실에 걸어간다. 마주치는 아이들은 걷지 않고 뛴다. 나이 든 이들은 좀처럼 뛰지 않는다. 노인이 뛰는 건 아예 본 적도 없다. 아이와 나이 든 이와 노인의 시간이 다르게 흐르는 건 당연했다. 생각과 행동의 속도 차이였다. 흐르는 강물을 시간이라 한다면 아이는 그보다 앞서가고 어른은 뒤처진다. 강물은 여전히 똑같이 흐르고 있을 뿐이다.

일부러 빠르게 걷는다. 조금이라도 시간을 늦춰 보려는 속셈이다. 생각한 일은 바로 행동에 옮긴다. 회한하는 일을 만들지 않으려는 몸부림이다. 더 늦기 전에 하나라도 더 보고, 의미 있는 내용을 정리하고 싶고, 책으로도 남겨 놓아야 한다는 강박도 한몫했다. 바삐 움직여 멀리 있는 동네에 다녀오는 일을 귀찮아하지 않았다. 속히 원고를 마무리할 요량으로 여러 번 밤샘도 했다. 일 년도 채 지나지 않아 책 한 권이 더해진 속사정이다. 그동안의 작업 주기로 보면 빠른 성과다. 흐르는 강물의 속도에 뒤처지고 싶지 않은 뒤늦은 자각의 행동은 효과를 봤다.

전작인 『심미안 수업』의 호응도가 높아 여러 분을 만났고, 강연도 했다. 아름다움의 실체를 확인하기 위한 구체적 장소를 물어오는 이들이 많았다. 내심 의아했다. 검색만 하면 다 나오는 장소가 새삼 궁금한 이들을 이해하지 못해서다. 곧 이유를 알아챘다. 과잉 정보의 혼란과 신뢰의 강도가 떨어져 생기는 일이었다. 좋고 멋진 장소란 얼마나 많은가. 알 수 없어서가 아니라 가야 하는 이유가 더 궁금했던 게다. 나 혼자 다니던 좋고 아름다운 공간을 감춰 둘 게 아니었다.

우리나라에 훌륭한 건축이 늘어나고 이전에 없던 공간이 생겨난 변화를 주의 깊게 지켜봤다. 그 계기가 바우하우스(Bauhaus) 연구를 위해 6년 동안 드나들며 봤던 독일의 도시와 공간이다. 우리보다 앞선 도시 역사를 지닌 사회의 선택과 성과는 놀라웠다. 특히 현대 예술의 중심지로 떠오르고 있는 베를린에는 독특하고 매력 넘치는 공간이 많았다. 그곳은 생각만으로 알 도리가 없는 아름다움의 실체를 보여 주었다.

인상적인 공간들은 하나같이 감각을 끌어올리기 위한 구체적 대응을 특징으로 한다. 특히 공간의 분위기와 어울리는 의자를 선택하는 데에 민감했다. 그들에게 의자는 엉덩이에 닿는 감촉의 쾌감까지 고려한 형태로, 앉는 이를 돋보이게 해야 하는 중요한 가구였다. 놓인 테이블은 모서리의 부드러움과 색채의 조화로 아름다움을 뽐냈다. 실내도 하루의 순환이 느껴지도록 자연의 빛을 최대한 끌어들인 건물 구조로 설계했다. 복도를 걸을 때 풍기는 원목 마루의 냄새마저 향긋했다. 툭 터진 실내에 걸린 그림의 강렬함은 적절한 조명 효과로 빚어진 것임을 눈치 챘다. 눈에 보이는 형태가 전부는 아니었다. 안에 채워진 세밀한 선택의 조합에서 풍기는 아름다움이 더 중요함을 알았다.

약국으로 쓰던 옛 건물을 그대로 활용한 카페도 보았다. 낡은 집기와 약병이 신선하게 다가왔다. 호텔로 바뀐 옛 소시지 공장의 분위기는 독특했다. 쇠를 다루던 공장이 미술관이 되고 공연장으로 바뀐 현장에서 얼마나 흥겨울 수 있는지도 체험했다. 낡은 집과 공장을 이토록 멋진 공간으로 탈바꿈시킨 이들은 젊은 예술가들이었다. 그림과 음악이 꼭 캔버스와 무대 위에서만 그려지고 펼쳐지지 않듯, 예술 또한 도시와 공간에 적용되지 못할 이유는 없었다. 이들이 펼치는 역동적 시도들은 자못 흥미로웠다.

새로운 변화의 바탕엔 도시의 개방성이 자리 잡고 있다. 통일 독일 이후 베를린이 보여 준 포용의 몸짓은 넉넉했다. 사람들이 모여들고 섞이면 저절로 이전에 없던 것이 만들어지게 된다. 세계 여러 나라에서 온 젊은 예술가들도 기회를 잡을 수 있게 됐다. 과정의 시간과 경험으로 촘촘해진 성과들이 자리 잡기 시작했다. 공유된 지식과 행동을 집단지성으로 발전시키는 문화적 역량도 한몫했다. 더 좋은 선택이 무엇인지 아는 합의를 이끌어 낸 힘이다.

베를린을 매력적으로 만들어 준 새로운 공간의 다양함에 놀랐다. 넘치는 것은 모자란 곳으로 흐르게 마련이다. 세계 여러 도시가 베를린을 성공 모델로 삼기 시작했다. 지금 우리나라에서 벌어지고 있는 일들도 그 연장선에서 봐야 한다. 하지만 다행이다. 이제 우리 사회의 역량은 일방적 수용을 용납하지 않을 만큼 커졌기 때문이다. 편견 없이 세상을 바라보고 전문성까지 갖춘 젊은 세대들이 그 주역을 맡고 있다.

외려 출발한 지점에서 볼 수 없는 개성을 담고 있다. 받아들인 개념을 현지화시켜 우리의 것으로 바꾸어 놓는 재주였다. 독창적이라 할 수는 없으나 이전에 없던 분위기를 만들어 내는 데 성공했다. "아! 이건 분명히 한국의 모습이야"라고 말할 수 있는 곳이 많았다. 그 자리에 있지 않으면 느끼지 못할 독특한 분위기는 낯설지만 친근하게 다가왔다. 시간을 거스른 과거의 흔적이 집단기억의 선명함으로 바뀌는 체험도 했다. 우리의 현재를 공간에서 더 진하게 느낄 수 있다는 생각이 들었다.

즐겨 찾는 카페에서 커피를 마시고 사람을 만나면 더 즐거웠다. 충전대가 설치된 기다란 테이블에서 노트북을 펴놓고 글을 쓰는 일도 재미있었다. 트인 공간에서 서로의 모습을 지켜보는 쌍방 교차의 시선이 불편하지 않을 수 있다는 것도 알았다. 주변의 풍광과 조화로운 건축미를 지닌 건물에서 밖을 보는 쾌감도 각별했다. 멋진 공간과 어울리는 아름다운 사람들의 자태를 흘깃거리고, 스칠 때 풍기는 향의 쾌감을 떠올리는 특별한 경험도 인상적이었다. 공간의 분위기가 달라졌을 뿐인데 예전에 느끼지 못했던 감흥이 생겨났다.

　왜 장소와 공간의 관심이 높아지고 있을까. 우리의 욕망과 해소시킬 능력의 균형을 이제야 맞출 수 있게 되었기 때문이다. 아직 멀었다고 생각하는 동안 우리나라의 위상은 선진국 대열에 들어서게 됐다. 전반적으로 여유가 많아진 만큼 삶의 수준도 높게 기대하는 건 당연하다. 먹는 문제를 해결한 사회의 관심이 그 다음으로 이어지는 변화는 필연적이다. '무엇을 할까' 하는 선택이 '어디서 어떻게'로 옮아가게 된다. 이를 충족시키는 공통의 목표가 '아름다움'에 모인다고 해서 이상할 것도 없다. 국민소득 3만 달러를 이룬 나라의 공통 과정이기도 하다.

　미학(美學)을 책으로 배우고 실체 대신 상상으로 채우던 시절엔 머리만 있으면 됐다. 간혹 잘 아는 이의 이야기와 경험이 그 행간을 메워 주곤 했다. 하지만 보고 듣고 느끼는 감각의 수용은 외부의 자극으로만 이뤄진다. 미술관과 콘서트홀이 있어야 하고, 멋진 레스토랑에서 먹어 봐야만 알 수 있다는 말이다. 이래서 감각이 펼쳐지는 장소로서의 공간이 중요하게 떠오르게 된다.

　인간은 원래부터 보고 듣고 냄새 맡으며 맛을 보고 살갗에 닿는 감촉의 차이로 아름다움을 분별했다. 오감의 쾌감이 곧 아름다움이었던 것이다. 여러 감각이 어울려 번지는 공감각도 빼놓을 수 없다. 아름다움이 예술의 범위로 좁혀지고 감각을 아름다움의 바깥으로 밀어낸 건 근대 철학이었다. 인간의 사고란 규정된 언어에 속박되게 마련이다. 원래의 아름다움인 감각을 아름다움으로 부르지 못하는 수백 년의 시간은 길고 길었다.

시대가 바뀌었다. 과학과 기술의 발전으로 만들어 내지 못하는 물건이 없어졌다. 숨죽여 지냈던 감각을 되살려 즐길 수 있는 여유도 생겼다. 게다가 디지털 시대의 스마트폰이 행동을 가속화시켰다. 정보의 격차와 시차를 무너뜨렸다. 알면 직접 확인해 볼 수 있는 것이다. 감각의 부활은 자연스럽고 이내 그 쾌감의 끝점을 향해 치닫기 시작했다.

감각의 경험으로 원래의 아름다움을 확인하게 된 순간 일부 사람들은 기존의 미학이 의심스러워졌다. 감각은 왜 미학이 될 수 없느냐고 진지하게 묻기 시작했다. 예술이 보고 듣고 느끼는 것이라면 감각의 하위에 속해야 마땅했다. 감각학(感覺學)이란 새로운 미학의 필요를 주장하는 근거는 여기서 출발한다. 이런 주장이 내겐 설득력 있게 다가온다. 공간 또한 장소의 해석으로 아름다움의 대상이 되기에 충분하다는 확신의 근거이기도 하다.

이렇게 장소 스무 곳을 선정했다. 내가 좋아하는 곳이 기준이므로 선정된 장소의 대표성이란 있을 수 없다. 하지만 괜찮다. 누가 하더라도 모두를 만족시킬 객관적 기준은 만들어지지 못할 것이기 때문이다. 대한민국의 현재를 돌아볼 만한 곳이라면 좋다는 생각을 했다. 나름의 선정 기준이라면 공공성이 우선이다. 제 아무리 멋지고 의미가 있더라도 문 걸어 잠근 곳을 들어가 볼 수는 없는 일이다. 개인의 정원에서부터 카페, 기업과 기관의 시설, 국가가 운영하는 미술관까지 일반인에게 개방한 장소에 국한시켰다.

각 장소나 공간이 지닌 이야기도 중요하다. 드러난 모습보다 만든 이의 취지와 과정을 알 때 공감의 폭이 커질 테니까. 독특한 아름다움이 느껴지는 곳도 포함시켰다. 모두 우리의 일상과 연결되는 곳이다. 이들 공간에서 각자의 경험이 풍부해진다면 선정의 역할을 다한 게 된다.

이 책에 들어간 사진은 스마트폰으로 찍었다. 더 나은 사진의 기대가 없었던 건 아니지만, 독자와 같이 편하게 공간을 즐기는 입장에 서 보고 싶었다. 스마트폰 사진의 화질이 좋아져 인쇄용으로 쓸 정도란 확신이 뒷받침됐다. 사진에 시선을 빼앗기는 것보다 글의 행간에서 공간의 의미와 매력을 찾아보라는 의도이기도 하다.

다행히 운전을 해도 될 만큼 시력이 회복되어 돌아다니는 일을 계속할 수 있게 됐다. 보고 싶고 머무르고 싶은 장소에 갈 수 있는 시간도 비웠다. 찾아가면 내치지 않을 친구들도 사귀어 놓았다. 작업하는 내내 즐거웠다. 많은 이를 새로 만나 교유했기 때문이다. 눈총받을 짓 하지 않고 살아온 내 복이라 여기고 싶다. 신세를 진 사람들에게 이 책이 쓸모 있었으면 좋겠다. 내용의 공감으로 신명나게 편집을 맡아 준 에디터 정미진, 쓴소리도 마다하지 않은 편집주간 정상준에게도 고마움을 전한다. 세상은 넓고 가 봐야 할 곳은 더 많다.

2019년 11월 11일 비원에서
윤광준

차
례

서문

일상을 아름답게

만드는 공간

녹사평역

모든 전철역은
아름다워야 한다

우리나라 전철의 시설 수준은 세계 어느 나라에도 뒤지지 않는다. 내가 봤던 것만으로 평가하자면 최고라 해도 무리가 없다. 전동차는 낡은 기종이 거의 보이지 않는다. 정비도 잘 되어 있어 불편이 없다. 실내는 여름엔 추울 정도로 냉기를 뿜어내고, 겨울엔 졸음이 올 만큼 따뜻하다. 승하차 정보도 친절하게 잘 설명되어 있어 내릴 곳을 몰라 허둥대는 일이 거의 생기지 않는다. 다른 노선으로 환승하기 위한 연결 통로의 편리함도 돋보인다. 환승 거리가 긴 역에는 무빙워크(Moving Sidewalk)까지 설치되어 있다. 그래서 많은 사람이 축지법을 쓰듯 빨리 이동할 수 있다. 교통카드나 스마트폰을 개표구에 스치기만 하면 검표 절차가 끝나는 편리함은 어디에서도 본 적이 없다. 역마다 엘리베이터와 에스컬레이터가 있어 층계를 오르기 힘든 이들도 이용한다. 어느 역을 가도 청결한 화장실이 있고 게다가 무료다. "이토록 깨끗하고 편리하며 쾌적한 전철을 운영하는 나라가 있으면 나와 보라고 해!" 하고, 대한민국 사람이라면 큰소리칠 만하다.

영국 런던이나 프랑스 파리의 지하철은 오랜 역사를 지닌 만큼 낡고 열악하다. 우리 기준으로 보자면 낙후된 정도가 도를 넘었다. 오래된 전동차가 그대로 다닌다. 플랫폼도 좁고, 스크린 도어는 당연히 없다. 심지어 객차 출입문을 수동으로 열어야 하는 노선도 있다. 가만히 서 있다가는 당연히(?) 열려야 할 문이 열리지 않아 낭패를 보기 십상이다. 또한 역사(驛舍)의 청결도도 떨어지고 음침할뿐더러 화장실이 없다. 그 다음 벌어질 일은 뻔하다. 볼일이 급한 사람들과 노숙자들이 지하철 안에서 실례를 한다. 지하철역에만 들어서면 지린내가 진동하는 이유다. 다른 유럽의 도시들도 크게 다르지 않다. 미국으로 건너가면 상황이 더 심각하다. 특히 뉴욕의 일부 지하철 노선은 불한당의 소굴이라 할 만큼 음침하고 지저분하기로 악명 높다.

오래전에 만들어진 지하철 시설이니, 후발 도시에 비해 시설이 떨어지는 건 당연할지 모른다. 하지만 그 안에 들어 있는 내용의 디테일을 따지면 얘기가 달라진다. 오랜 역사를 통해 축적된 기능의 안정감과 미적 감각이 녹은 아름다움이 있다. 공공 디자인의 중요성을 먼저 실감하고 실천했던 도시의 저력이다. 얼핏 보면 낡았지만, 주의 깊게 보면 "역시!"라는 감탄으로 바뀐다.

낡고 불편하지만 멋스러운 유럽의 지하철

오래된 런던의 지하철은 전동차 디자인과 색채의 독특한 매력으로 눈길을 끈다. 커다란 출입문과 옆으로 난 창문의 비례가 독특하다. 하얗게 칠해진 전동차는 커다란 출입문을 주황색으로, 아래는 군청색의 띠를 둘렀다. '튜브(tube)'라고 부르는 터널을 통과하기 위해 윗면을 깎은 형태와 색채의 조화가 잘 어우러졌다. 창문의 프레임 비율도 균형을 이뤄 마치 한 편의 좋은 디자인 작품을 보는 것 같다. 벽에 찍힌 지하철의 심벌(symbol)과 글자체의 세련됨도 빼놓을 수 없다. 눈에 확 띄는 디자인은 보기 쉽고 아름답다. 안내판이나 시간표에 쓰인 폰트도 마음에 든다. 안정감이 느껴지고 시인성(視認性)이 높은 사인보드도 인상적이다. 출입 여부와 비상구를 표시하는 표지판도 재미있다. 역의 시설물과 가구들은 치밀한 재질감으로 단단해 보이고, 완성도 높게 마무리되어 있다. 이동 통로 벽에 붙은 수준 높은 그림과 광고 포스터들도 볼거리가 된다.

공공시설에서 마주치는 디자인의 수준이 곧 그 사회의 품격을 드러낸다. 도시 구성원들의 심미안이 구체화된 표현인 까닭이다. 세련된 디자인을 수용하고 사용하며 반복하는 과정에서 시민의 미의식은 당연히 높아지게 마련이다. 짧지만 강렬하게 아름다움을 감각할 수 있는 장소가 전철이다. 멋진 전철을 갖고 있다는 건 결국 도시와 시민의 교양이 높다는 걸 뜻하는 것이다.

프랑스 파리는 1901년에 엑토르 기마르(Hector Guimard, 1867~1942)가 디자인한 메트로 장식문을 지금도 사용한다. 아르누보풍의 철제 아치문도 멀쩡하다. 멋진 메트로 입구를 보기 위해 일부러 파리에 들르는 관광객도 많다. 제 얼굴이 들어간 사진을 찍어 SNS에 올리기 위해서다. 멋진 지하철은 사람들을 끌어모은다. 당시 출구에 붙여 뒀던 그의 서체로 만든 표지판은 오르세 미술관에 소장될 정도로 예술성을 인정받고 있다.

처음 지하철이 생긴 런던의 지하철 노선도는 아름답기로 유명하다. 디자인 완성도가 높다는 말이다. 지하철은 바깥이 보이지 않으므로 노선과 역명만 표시하면 될 법하다. 하지만 이를 보는 이들이 거리와 위치를 가늠하지 못한다. 디자이너 에드워드 존스턴(Edward johnston, 1872~1944)과 해리 벡(Harry Beck, 1902~1974)은 실제의 지형을 반영한 직관적 노선도를 만들었다. 보기 쉽고 아름답게 디자인된 노선도는 전 세계의 규범이 되었다. 최근 서울시가 바꾼 한강이 표시된 지하철 노선도도 런던의 것을 뒤늦게 참고해서 만들었다. 노선도 하나에도 영국의 디자인 역량이 모여 있음을 일러준다.

지하철역에서 버스킹(Busking)하는 이들이 있다. 사람들은 바이올린이나 색소폰 연주가 끝날 때까지 멈춰서 음악을 듣고 관심을 보인다. 연주하는 이들의 수준도 높다. 담당 부서가 연주 수준을 심사해서 예술성을 갖춘 이들에게만 허가를 내준다. 서로를 배려하는 정교한 장치가 작동되고 있는 것이다. 지하철은 사람들이 모이는 장소인 까닭에 살아 움직이는 문화적 소통의 장이기도 하다. 그래서 신형 전동차의 쌈박함과 역의 시설만큼 삶의 아름다움이 펼쳐지는 장소로서의 활력도 중요하다.

공공시설이 더 아름다워야 하는 이유

서울의 명소라 부르는 남산타워나 우리나라에서 제일 높은 123층의 롯데월드타워에 가 본 적이 있는지. 아마도 가 본 사람이 많지 않을 것이다. 정작 도시 안에 사는 이들은 명소라는 곳에 별 관심이 없다. 관광객의 차지가 된들 별 불편도 느끼지 못한다. 우리에게 더욱 중요한 곳은 자주 드나들고 머물며 시간을 보내는 버스정류장이나 전철역, 어린이집과 주민센터, 도서관과 우체국, 경찰서와 법원 등이다. 이들 시설과 건물은 우리의 삶에 직접적 영향을 끼치기에 여기서 마주치는 안내판이나 글자체, 색깔, 건축, 사람들의 태도가 중요하다. 수준 높은 문화 도시에 사는 느낌이란 이런 것들이 잘 갖추어진 공간을 가졌다는 말이기도 하다. 세련된 유럽의 도시에서 느꼈던 부러움이란 바로 이런 문화적 요소의 우위가 눈에 들어왔다는 의미이기도 하다.

사람은 좋고 아름다운 것 앞에서 저절로 고개를 숙이는 법이다. 우리나라 전철의 자랑과 자부심은 시설과 운영의 우수함까지다. 안팎을 채우는 감성의 장치들은 만족도가 떨어진다. 시설의 규모와 외형의 화려함만으로 채워지지 않는 빈 구석이 있다는 점을 인정해야 한다. 메가 시티(Mega City) 서울은 근대 이후 도시의 역사를 100년이나 넘겼다. 도시의 역량이 엄청나게 늘어났다. 경제적 여유도 갖추게 됐다. 이제는 국제도시의 면모를 위해 세계 수준의 디자인을 실천해야 옳다. 좋은 디자인은 도시의 수준을 높인다.

매일 보고 이용하는 전철이 친근하고 아름답게 다가와야 한다는 게 나의 생각이다. 도시 생활의 시작과 끝은 집에서 떠나 다시 돌아오는 일의 반복이다. 일상이 곧 우리의 삶이다. 삶이 메마르고 지루하지 않도록 즐거움과 아름다움을 느끼게 해 줘야 한다. 느껴지지 않는 감각이란 별 소용이 없다. 단순한 이동 수단을 넘어 쾌감으로 다가와야 한다. 아름다움이란 형태를 보는 것만으로 그치지 않고 체험해야 제 것이 된다. 전철이 아름답다면 하루의 즐거움 또한 커지게 마련이다.

기차는 세상을 세심하게 보게 해 주는 특별한 탈거리다. 제 손으로 차를 몰 땐 앞의 풍경밖에 다른 것이 보이지 않는다. 기차를 타야 창밖 풍경과 앞자리의 사람이 비로소 보인다. 자세히 들여다볼 기회란 얼마나 소중한가. 눈에 보인다는 것은 새로운 체험을 하게 되는 일이다. 전철을 타는 일이 즐거울 수 있는 이유도 이와 같다.

도시의 인상을 좌우하는 요소들이 있다. 모두 보이는 것으로 판단할 수 있는 것들이다. 건물과 앞을 지나는 자동차는 나라의 형편을 한눈에 알게 한다. 사람들이 입은 옷과 태도에서 사회의 품격이 드러난다. 이들이 모인 장소에서 풍기는 향과 분위기는 개인의 취향과 안목을 읽어 낼 수 있다. 많은 사람이 이용하는 전철과 주변의 모습은 도시의 인상을 극대화시킬 장소다. 신경을 써서 좋고 아름다운 것만 채워 넣어도 모자랄 판이다.

출퇴근할 데가 없는 내게 전철은 어쩌다 한번 타는 교통수단이었다. 지금은 상황이 바뀌었다. 이제 나는 차를 멀리하는 전철 예찬론자가 됐다. 심각한 환경 문제에 동참하는 작은 실천이다. 전철을 이용하지 않았을 땐 문제를 잘 알지 못했다. 전철 이용은 내게 도시를 관찰자의 시선으로 보게 해 준 계기가 되었다.

전철 이용 빈도가 늘면서 역과 그 안에 있는 시설물에 관심을 갖게 됐다. 전국 어디를 가나 약속한 것처럼 모든 역이 똑같은 인테리어와 분위기를 자아냈다. 천편일률의 표준 설계도가 있거나 선례를 따라가는 편의주의의 발동으로 만들어진 듯했다. 지역 특성을 반영한 몇 개의 역이 있지만 크게 다르지 않았다. 조악한 건축 자재의 남용이 제일 거슬렸다. 플라스틱 소재의 인공 외벽을 쓴 건물은 오염의 땟국으로 우중충하고 흉물스러웠다. 게다가 크기의 비례가 맞지 않는 역 간판도 마뜩잖았다. 뭔가 어설픈 타이포그래피로 쓰인 안내판과 색깔이 조화롭지 못했다. 불안해 보이는 창백한 불빛도 거슬렸다. 나만 이렇게 생각하는 건 아닐 것이다. 더 나은 선택이 있음에도 하지 않고 있을 뿐이다. 역은 그 동네의 랜드마크(Landmark)가 된다. 추억이 깃들고 역사가 담기는 원점이 불쾌한 인상으로 남는다면 슬픈 일이다.

녹사평역에 가면 하늘에서 빛이 쏟아져 내린다

설계와 디자인이 좋은 지하철역을 찾아봤다. 서울 지하철 6호선 녹사평역이 눈에 들어왔다. 전국에서 아름다운 지하철역으로 꼽히는 곳이다. 녹사평역은 이용객에 비해 규모가 크다. 원래 서울 시청 이전을 전제로 지하철 11호선의 환승역으로 계획되었는데, 미군과의 협상 변수와 여론에 따라 시청 이전이 무산되었다. 대신 근처에 용산구청을 새로 짓는 걸로 마무리되었다. 계획 변경에 따라 추가 지하철 노선도 백지화되었고, 미래를 대비한 역의 용도는 사라져 버렸다. 어차피 역은 있어야 하므로 처음의 설계를 반영해 완공시키기로 결정했다. 순탄치 않은 역의 이력 탓에 필요 이상으로 크게 완공된 내막이다.

녹사평역은 과정의 역설 때문에 특색 있는 역으로 남게 됐다. 쓸쓸한 이야기를 지닌 한산하고 아름다운 역이랄까. 깊이 35미터에 달하는 거대한 지하 공간은 이렇게 만들어졌다. 내부를 비운 원통형 설계로 천장을 뚫어 빛이 들어오도록 했다. 돔(Dome)형 아트리움(Atrium)이 설치된 국내 유일의 지하철역이다. 녹사평역의 독특함과 아름다움은 하늘에서 쏟아져 들어오는 빛의 효과에서 나온다. 태양의 고도에 따라 시시각각 바뀌는 빛의 각도가 실내의 그림자를 이동시킨다. 매순간 새로운 인상으로 다가오는 셈이다. 맑은 날이면 역 안의 창문에 비치는 그림자의 움직임이 재미있다. 길고 짧은 그림자가 지하 공간의 벽면을 따라 비친다. 빛으로 생기는 공간의 생동감이란 기대 이상이다. 2층 난간에 서서 움직이는 그림자를 보자면 지구가 매우 빠른 속도로 돌고 있다는 게 실감난다.

실내에서 올려다본 반구형 유리돔도 장관이다. 국내에서 이 정도 규모의 공간을 비워 둔 지하철 역사는 당연히 없다. 에스컬레이터를 타고 올라가면 빛이 들어오는 아트리움의 반구가 점점 커지며 다가오는 듯하다. 맑은 날에 해가 비치면 빛의 다발이 시야에 가득 차 눈이 부실 정도다. 기대하지 않았던 지하 공간에서 마주하게 되는 빛의 효과는 경외감마저 든다. 이런 아름다움은 녹사평역만의 것이다.

빛이 비치는 거대한 실내 공간을 이어 주는 것은 에스컬레이터다. 허공을 가로지르듯 중간층을 이어 주고, 밑에서 위로 향한다. 금속과 유리로 만들어진 기다란 에스컬레이터의 길은 다리처럼 원통 공간을 구획한다. 위층에서 보면 거대한 원통 속에 에스컬레이터로 중첩된 직선의 풍경이 만들어진다. 밑에서 보면 거대한 빛을 향해 상승하는 길에 올라타는 느낌이 된다. 영화에 나오는 미래 도시를 보는 듯한 특이한 장면이 펼쳐진다. 철과 유리, 콘크리트라는 현대의 건축 재료로 이루어진 차가운 조형은 놀라운 풍경을 만들지만 호불호가 갈리는 아름다움이다.

녹사평역에선 지하철만 타고 내리지 않는다

지하 4층에선 놀라운 일이 벌어진다. 지하 건물의 밑바닥에서 식물이 자란다. 빛이 닿아 생기는 일이다. 숲을 이룰 정도로 무성한 식물을 보면 마음까지 안정된다. 녹색의 싱그러움 또한 어디에서 보느냐에 따라 감흥이 전혀 달라질 수 있음을 알게 된다. 아름다움이란 결국 그 자리에 있어야만 느끼게 되는 감정이다. 지하철역이 카페보다 더 멋진 공간을 연출한다. 앞만 보고 달려가는 일상의 관성을 벗고 잠시 멈추는 여유를 제안한다. 사람들이 북적거리지 않아 쾌적한 휴식 공간으로 활용할 수 있다. 녹사평역에선 지하철만 타고 내리지 않는다.

녹사평역은 2000년에 개통된 이래 지금까지 계속 진화하고 있다. 역의 모습을 대대적으로 새롭게 단장했다. 몇 년 전의 녹사평역을 기억하고 있다면 달라진 실내의 모습에 당황할지 모른다. 최근엔 정원이 있는 미술관을 표방하며 예술가들과 협업하고 있다. 역 구내 전체가 미술작품 전시장처럼 활용된다. 벽의 타일로 형태와 색채를 보여 주거나 모니터에서 비디오 작업이 펼쳐진다. 개표구 뒤편을 가득 메운 나뭇더미는 자연을 상징하는 설치 작업이다. 천장엔 손으로 짠 그물을 이어 능선이 중첩된 숲처럼 보이는 설치 미술이 있다. 의외의 공간에서 만나는 미술품은 신선하다. 공공미술은 은연중에 우리 마음을 흔들어 놓는다.

　녹사평역의 역사는 자랑스러운 '기록'으로 남아 있을 줄 알았다. 역의 귀퉁이에 박혀 있는 명판을 몇 번이나 확인했지만 설계한 건축가의 이름은 보이지 않았다. 인터넷 검색을 해도 찾지 못했다. 건축가는 중요한 일을 하는 사람이다. 눈에 보이는 아름다움을 만들어 내는 역할 탓이다. 책임도 만만치 않다. 잘못 지어진 건물은 되돌리기가 어려워서다. 명판에 건축가 이름을 새겨 놓지 않은 이유가 궁금해진다. 후세의 평가만이 중요하다는 의미일까. 건축가의 겸손 때문에 생긴 일이라 믿고 싶다.

녹사평역의 엘리베이터와 계단, 벽이 만들어 내는
조형은 차가운 아름다움이라 할 만하다. 오른쪽은
에스컬레이터를 타고 가며 천장의 아트리움을 올
려다 본 장면이다.

녹사평역 내부

빛이 닿는 지하 공간에는 식물이 자라고 있다. 땅속
에서 푸른 나무를 보는 신선함은 각별하다. 오른쪽은
손으로 짠 그물을 천장에 달아 능선이 이어지는 산처
럼 연출했다.

녹사평역 내부

앤트러 사이트

눈앞의 것들을
새롭게 보이게 한다

한때 광고 회사에서 카피라이터로 활약했고 지금은 그래픽 디자이너로 활동하는, 감각적인 후배가 있다. 책 출간과 관련하여 만나기로 했다. 약속 장소가 낯설었다. 당인리 발전소로 더 알려진 서울화력발전소 근처 주택가였으니까. 동네 사람들에게 몇 번을 물어가며 찾은 장소는 공장이었다. 작동할 것 같지 않은 낡은 크레인이 그대로 걸려 있는 건물 분위기는 기괴했다. 나처럼 근처에서 두리번거리는 이들도 꽤 있었다.

다행히 약속 장소는 제대로 찾았다. 문을 열고 들어선 순간 눈앞에 펼쳐진 반전의 모습에 놀랐다. 이런 공간이 카페일 줄이야. 더군다나 카페 안은 많은 사람으로 버글거렸다. 2013년의 일이다.

커피 향이 가득한 실내에는 신발 공장의 설비가 그대로

남아 있었다. 고무 컨베이어 벨트 위에 커피 잔이 놓여 있고, 작업대로 사용한 철판이 테이블로 쓰인다. 주워온 듯한 낡은 의자와 제각기 생긴 테이블이 아무렇게나 놓여 있다. 구멍 뚫린 철판 받침대도 그대로 테이블로 쓰이고 있다. 녹색 페인트가 군데군데 벗겨지고 녹슨 테이블은 손때로 반질거린다. 새 용도를 찾은 물건은 훌륭한 오브제로 바뀐 듯했다.

의자 또한 새것을 들여놨을 리 없다. 적당한 사용감으로 천의 질감과 튼 가죽의 결이 보이지만, 사람들은 세월의 때를 문제 삼지 않았다. 벽을 터 면적을 넓힌 부분은 거칠게 쳐낸 콘크리트 블록의 흔적이 남아 있다. 조적(組積)의 단면이 그대로 보이고 바닥의 층진 턱도 메우지 않았다. 세월을 더한 외벽의 꼬질꼬질한 오염도 그대로 남겨 뒀다. 콘크리트 바닥만 먼지가 나지 않도록 페인트칠로 마감했고, 냉난방을 위한 시설과 조명이 더해졌다.

원래의 용도인 공장의 흔적을 그대로 남겨 뒀다는 점이 중요하다. 빈 공간에 테이블과 의자만 놓아 손님들이 앉을 수 있게 했다. 한때 이곳에서 기계가 돌아가고, 촘촘히 앉아 일하던 근로자들이 보이는 듯한 연상의 유도다. 후미진 도시의 역사가 생생하게 복원되는 느낌이다. 포장과 덧칠로 가려지지 않은 날것이 시간의 흔적을 더욱 강하게 붙잡아 둔다. 놓인 사물은 각각의 존재감을 더한 설치 미술 같은 흡인력으로 시선을 끈다.

손님들은 이런 분위기를 좋아하는 듯했다. 주위의 시선

을 의식하는 이들도 없다. 제 편한 대로 각자의 자리에서 커피를 마시며 자신만의 시간을 즐길 뿐이다. 이곳 안에서 벌어지는 일들은 지금까지 서울에서 보지 못한 신선함으로 넘쳤다. 새롭고 낯선 느낌이었다. 솔직히 말하면 '이래도 될까'라는 충격이 더 컸다. 나와 다른 세대들이 열어 가는 새로운 변화를 실감했다. 후배는 시대의 트렌드를 민감하게 읽어 내는 작업으로 성과가 높다. 그런 그가 내게 커피의 맛에서 그 커피를 '어디'에서 마시느냐로 바뀐 관심의 현장을 보여 주고 싶었던 것이다. 우리는 이곳의 독특함과 분위기를 함께 공감했다.

기존 카페와 전혀 다른 접근의 파격은 상호에도 들어 있다. 앤트러사이트(Anthracite)는 탄소 함유량이 높은 석탄인 무연탄을 뜻한다. 예전에 연탄의 재료로 쓰였던 석탄은 검은색의 단단한 돌덩이로, 태백 삼척에서 많이 나던 광물이다. 석탄이 다 똑같은 줄 알았다. 그런데 세상 이곳저곳을 다녀 보니 성분과 탄화 정도에 따라 색과 경도가 다르고, 타는 냄새와 화력에 따라 종류도 여러 가지라는 걸 알았다. 앤트러사이트-무연탄은 품질이 좋은 우리나라의 산물이었다. 우리가 알고 있는 석탄은 당연히 무연탄뿐이다. 앤트러사이트란 카페 이름은 중의적이다. 우리의 기억이기도 하고, 검은색 광택이 로스팅된 커피와 겹치기도 하며, 공장의 에너지원이기도 했다. 주인장의 인문학적 감각을 읽을 수 있는 작명은 묘한 여운으로 공간의 특징을 드러낸다.

연립주택과 아파트로 둘러싸인 낡은 공장 터의
분위기는 지금도 똑같다. 붙여 놓은 간판은 잘
보이지도 않는다. 출입문이 화장실 입구와 헷갈
리는 이유다. 쇠로 붙여 놓은 앤트러사이트라는
글자는 그동안 녹슬어 원래 그 자리에 붙어 있었
던 것처럼 자연스러웠다. 이곳에서 직접 볶는 커
피의 향은 여전히 풍부하다.

앤트러사이트 합정

사물의 자유분방함은 관계를 자유롭게 하고

지저분해 보이는 공장 분위기에 금방 적응했다. 세련됨과는 전혀 상관없는 거친 공간의 매력도 있다. 이런 곳에 가구를 줄 맞추어 들여놓는 정형이 있을 리 없다. 구석에도, 통로를 피한 가운데에도 크기와 모양이 다른 조합으로 테이블과 의자를 놓았다. 무심한 듯 놓인 사물의 자유분방함은 관계의 거리도 자유롭게 만든다. 깔끔하고 규격화된 의자와 테이블에 마주 앉으면 저절로 결정되는 시선의 간격을 벗어날수 없다는 말이다. 크기와 형태가 다른 테이블에 앉아 각자의 편한 자세와 시선의 거리를 선택하면 된다. 작은 테이블에 붙어 앉으면 45센티미터 이내로 근접되는 긴밀함의 간격이 된다. 크거나 긴 테이블에 앉으면 시선 처리가 편해지고 같은 방향을 바라보게 된다. 자리 배치가 만드는 변화를 실감하게 된다. 이곳에선 정색하고 심각한 사안을 결정하는 듯한 사람들이 보이지 않는다.

하얀 벽에 정제된 인테리어로 마감된 카페라면 자세를 흐트러지지도, 떠들지도 못할 분위기가 된다. 어둡고 묵직한 톤과 테이블의 선택으로 적당한 관계의 거리를 확보하면 편하다. 자기 자신을 숨길 공간이 생겨서다. 여기선 누구의 눈치도 볼 필요가 없다. 곁에 앉으면 친근해지고 다가가 마주 앉으면 서로의 이야기가 펼쳐진다. 노트북을 펴 놓고 업무를 보는 이들에게 눈총을 주는 일도 없다. 장소의 분위기가 사람을 대하는 태도와 방식까지 바꾸어 놓는다. 무슨 짓을 해도 될 것 같은 이완의 편안함은 어떤 이야기를 해도 받아들여지는 솔직함으로 이어진다. 이날 나는 후배가 내게 될 책의 추천사를 기꺼이 써 주기로 약속했다.

연립주택과 아파트로 둘러싸인 낡은 공장 터의 분위기는 지금도 똑같다. 붙여 놓은 간판은 잘 보이지도 않는다. 출입문이 화장실 입구와 헛갈리는 이유다. 쇠로 붙여 놓은 앤트러사이트라는 글자는 그동안 녹슬어 원래 그 자리에 붙어 있었던 것처럼 자연스러워졌다. 이곳에서 직접 볶는 커피의 향은 여전히 풍부하다. 커피 집의 기본인 커피 맛도 훌륭하다. 공간의 분위기만으로 사람을 끌어모으지 않았다는 방증이다.

우리나라에서 낡은 공장을 개조한 카페의 원조라 할 '앤트러사이트 합정'이다. 앤트러사이트는 합정점을 성공적으로 개점한 이후 2014년에 제주 한림에 두 번째 카페를 냈다. 지은 지 70년이 다 되어 가는 전분 공장을 개조하였다는데, 나는 아직 가 보지 못했다. 장소의 흔적과 시간의 의미를 지우지 않는 기본 콘셉트는 다르지 않을 것이다. 이 원칙이 무너지면 앤트러사이트를 앤트러사이트로 부르지 못한다.

나는 한번 마음에 든 장소를 쉽게 바꾸지 않고 애용한다. 좋은 물건을 찾아낸 이후 애정을 더해 오래 사용하는 심성과도 통한다. 만든 이의 메시지를 읽어 내고 사용자의 용법이 더해져 시대의 흔적으로 남는 즐거움의 순환이다. 서로 필(Feel)이 통하는 공간 디자인도 비슷한 데가 있다. 만든 이의 생각과 공력을 담은 공간에 들어서면 느끼게 되는 분위기가 중요하다. 수시로 변하는 기준과 시대의 유행을 섣불리 반영하지 않는, 이른바 조급증 없는 공간이 좋다. 원칙이 느껴지고 아름다움에 설득되는 장소에 있다는 건 축복이다. 그렇다고 생활공간과 너무 멀리 떨어져 있어 이용할 수 없는 곳이라면 곤란하다. 이런 곳이 흔할 리 없다. 다행히 앤트러사이트 서교가 생겼다. 일부러라도 가서 사람을 만나고 커피를 마시며 아무 짓 하지 않고 바깥을 바라보는 일이 즐거운 곳이다.

1970년대식 양옥집에서 마시는 커피의 맛

서울 서교동엔 1970년대에 지어진 서양식 혹은 프랑스식 주택이라 부르는 양식불명의 집들이 많다. 2층 양옥이라 불렸던 건물은 규모가 꽤 컸다. 건물 높이에 비해 과장되고 육중한 철문이 달려 있고, 높은 담장 위에는 방범용 쇠창살이 도드라져 보인다. 여기에 관습적으로 심은 소나무와 향나무 같은 침엽수 조경이 더해진다. 담장 너머 시커멓고 커다란 나무에 가려 안이 잘 들여다보이지 않는 점도 비슷하다. 사회적 권위와 과시의 용도로 선호되던 건물이란 걸 알 수 있다.

이 동네에 변화가 생긴 것은 그리 오래전 일이 아니다. 부도심의 도심화가 원인일 텐데, 주택의 상가화는 빠르게 이어졌다. 이 지역의 많은 주택이 이미 사무 공간이나 회사로 쓰인다. 동네의 특성과 분위기가 예전과 같을 수 없다. 앤트

러사이트 서교는 이러한 변화의 축을 공간의 해석으로 풀어
냈다. 개인 주택 규모로는 꽤 큰 집을 구해 카페를 만들게 된
다. 공장을 개조한 것과 마찬가지로 개인 집의 속성과 분위
기를 보존시켰다.

2017년 말쯤이니 합정점 이후 4년 만에 새로운 장소가
더 생겨난 셈이다. 이곳을 보고 앤트러사이트에 또 한 번 놀
랐다. 예상 밖의 풍경이 펼쳐졌기 때문이다. 이번 콘셉트는
'정원이 보이는 집'이다. 3층 높이의 건물은 반듯하고도 크
다. 자갈이 깔린 마당을 지나 안쪽으로 들어가야 입구에 다
다른다. 건물로 들어서는 입구의 모습은 낯설고 특이하다.
공사를 하며 잘라 낸 콘크리트 벽의 잔해물이 바닥에 놓여
있다. 밟고 지나갈 수 있을 만큼 작지 않으니 잔해물을 피해
돌아가야 한다. 벽 쪽에 붙으니 비로소 전체가 보인다. 건물
의 잔해가 어디서 나왔는지를 돌아보게 된다. 젠장! 아무것
도 아닌 콘크리트 조각 몇 개가 늘어서 있을 뿐인데, 지나가
는 동안 뭔가를 떠올리게 되다니.

1층에 들어서면 비로소 바깥 풍경이 보인다. 건물의 전
면이 통창으로 만들어져 있어, 마치 카메라의 프레임과 같은
역할을 한다. 창에 의해 잘려진 풍경은 집중하는 효과를 내
서 정원의 모습을 강조한다. 정원의 종류가 많다는 건 말하
나 마나다. 알고 있는 범주의 정원에 끼워 넣기 어려운 변칙
판에 가깝다. 하얀 자갈을 고르게 깔아 배경으로 삼고, 돌을
배치해 자연의 축소판으로 보이게 하는 일본의 석정(石井)

양식이다. 여기선 큼직한 파석(破石)의 무더기를 펼쳐 놓은 게 전부다. 정제된 아름다움 대신 손대지 않은 무심함을 보여 준다고나 할까.

자갈과 돌의 정제된 배치는 아예 없다. 의도적 표현을 포기한 파격이다. 거칠고 투박하며 강인해 보이는 편마암의 색깔과 특유의 줄무늬가 든 깨진 단면의 날카로움이 겹쳐진 재질감을 강조한다. 크고 거친 돌이 무더기로 펼쳐져 산의 단면이 드러난 듯한 느낌을 준다. 집 앞마당 정도를 채운 면적이지만 옹색해 보이지 않는다. 재료의 힘이 만들어 낸 독특한 미감의 실천이다.

이런 모습의 정원을 오래 전에 본 적이 있다. 일본 시마네현 야스기시에 있는 아다치 미술관에서다. 관람자는 회랑 형태의 건물을 지나며 안쪽의 정원을 창문 너머로 본다. 창문의 위치와 높이는 보여 주고 싶은 정원의 아름다운 부분을 잘라내 완결시킨 지점에 있다. 조금만 바뀌어도 흩어지는 인위적 선택의 풍경이 펼쳐진다. 보여 주고 싶은 것만 보여 주는 인공의 정교함은 아름다웠다. 일본 정원의 새로운 해석에서 풍기는 신선함에 공감했다.

창문 너머의 풍경을 보여 준다는 점에서 앤트러사이트 서교는 아다치 미술관과 맥을 같이 한다. 하지만 그 느낌이 전혀 달랐다. 전달의 의도성이 느껴지지 않는 것이다. 다듬지 않는 정원은 파석의 질감과 듬성듬성 심어 놓은 나무가 내용의 전부다. 도시에서 볼 수 있는 거라곤 길 건너의 다른 건물들뿐이니, 자연을 정원의 배경으로 끌어들 일 수 없다. 그러니까 차경(借耕)이 불가능한 이곳에선 단순한 재료의 느낌만을 받아들일 수밖에 없었을 것이다. 공간 디자이너의 고민과 선택이 십분 이해된다.

이는 모방이 아니라 창조의 모습이었다. 한국의 석정이란 이런 것이다. 일본식 정원에서 아이디어를 따왔지만 도시 환경에 맞게 편집된 것이다. 그것도 서울 한복판에 만들어졌다는 사실 자체가 놀랍다. 거칠고 강인한 질감이 돋보인다. 현실과 떨어져 있지 않기 때문에 더 마술 같은 효과를 내는지 모른다. 잠시 짬을 내서 커피 한 잔을 마시며 일상의 관성을 벗으면 별 세계에 들어온 느낌이다.

창문 너머 정원이 무심히 말을 건네는 곳

2층과 3층에서도 창문 너머 정원의 모습이 보인다. 이번엔 커피를 만드는 작업 테이블이 가운데를 가리고 있다. 넓고 평평하며 짙은 땅 색깔로 칠해진 테이블이 지평선 역할을 한다. 높아진 높이에서 내려다보는 정원의 원근법이 독특하다. 같은 정원이 시점을 달리하면서 바뀌는 변화폭을 유심히 보라. 3층 높이의 건물에서 다양한 체험이 가능해진다.

실내엔 테이블의 개수가 많지 않다. 시야를 틔워 넉넉해진 공간감을 즐기라는 배려. 덕분에 답답하다는 느낌이 들지 않는다. 벽면을 튼 흔적이 그대로 남아 있다. 이전의 시간이 더해진 지금 그 흔적 앞에 서 있는 것만으로 느낌이 다르

다. 새것이 아닌 헌것의 존재감이 이토록 짙을 줄 몰랐다. 벽
장도 요란하지 않다. 필요 최소한의 면적과 두께로 마무리된
간결함이 보인다. 세련된 건물에 놓인 작고 간결한 디자인의
나무 의자는 균형과 조화를 드러내는 중이다.

　　앤트러사이트 서교에선 당연하다고 여겨지는 음악이 흐
르지 않는다. 서로의 말소리도 높지 않다. 이 공간에 들어서
면 누가 뭐라 하지 않는 침묵을 자연스럽게 여기게 된다. 이
장소가 만들어 내는 힘 때문이다. 오래 있어도 지루하지 않
다. 창 밖에 보이는 풍경이 계속 말을 걸어오기 때문이다. 멋
진 공간은 사람의 마음을 움직이기도 한다. 숨과 자세를 고
르게 하고 스스로 정화되는 안정의 힘으로 말이다.

벽돌을 그대로 드러낸 벽에 장식장을 놓았다. 곱고
매끄러움만이 아름다움이라 하지 못한다.

앤트러사이트 서교

씨
마
크

호
텔

오늘 하루만큼은
색깔을 듣고 바람을 만져라

구부정한 자세로 온몸의 힘을 빼고 노래하는 송창식은 한때 잘 나가는 가수였다. 그는 독재로 얼룩진 암담한 시대에 희망가를 불러 젊은이들의 인기를 독차지했다. 그의 노래 가운데 「고래사냥」은 당시 청년문화의 기수였던 최인호, 하길종 콤비 감독이 만든 영화 「바보들의 행진」에 주제곡으로 쓰이기도 했다. "자! 떠나자 동해 바다로 삼등삼등 완행열차 기차를 타고……." 가사는 선동적이었다. 가슴은 뛰어도 무력하기만 했던 청춘들이 모두 동해 바다로 달려갈 기세였으니까. 하지만 지금까지도 신화처럼 떠도는 '희망'이란 고래를 잡았다는 이야기는 들어 본 적이 없다.

　　나는 고래가 산다는 동해 바다의 위치를 안다. 현실에 있을 법하지 않은 동네여야 하고, 또 가까워서도 안 되는 그곳은 바로 강릉 경포대다. 예전부터 영동 지역의 멋진 풍광은 강릉에 몰려 있고, 그 으뜸을 경포대라 했다. 옛날에는 서울에서 완행열차를 타고 강릉을 가려면 태백산맥에 막혀 저 남쪽의 영주까지 내려가 다시 위로 올라와야 했다. 거의 하루 거리였다. 자동차로 가도 형편은 별반 다르지 않았다. 요즘의 일반 도로만도 못한 2차선 영동고속도로의 굽은 길에서는 속도를 낼 수 없었다. 당시 강릉은 신화 속 고래가 사는 머나먼 꿈속의 동네로 제격이었다.

이후 가끔 동해에 떠오르는 해를 보기 위해 밤새 달렸던 곳이 강릉이다. 완만하게 높아지다 대관령 정상에 오르면 갑자기 강릉 시내의 불빛과 함께 툭 터진 동해가 보인다. 이런 극적 조망의 장소가 흔치 않다. 와! 탄성이 먼저다. 막혔던 시야가 터지면서 들어오는 동해의 수평선은 언제 봐도 시원했다. 눈으로 보는 것은 입의 탄성으로 감흥을 더 키웠다. 대관령 정상을 지나 구불구불하게 이어지는 험한 길을 달려도 즐거웠다. 곧 보게 될 동해 바다의 기대는 이토록 컸다. 내가 강릉에 간다는 건 경포 해변 백사장에서 동해 바다를 본다는 것이다.

한눈에 들어오지 않는 너른 수평선의 시원함과 밀려오는 파도가 풍기는 바다 냄새는 신선했다. 눈과 코의 감각은 이곳이 그렇게 그리던 상상의 공간임을 확인시켰다. 푹푹 빠지는 모래밭을 걷고 바닷물에 발까지 적셔 봐야 직성이 풀렸다. 경포 해변 백사장은 십리 남짓의 길이로 이어진다. 어디서 보든지 동해 바다의 청량감은 줄어들 리 없다. 도시

생활에 찌든 이들의 답답함은 십리의 백사장 안에서 대개 해소된다.

푸른 바다에 흰색 미학을 녹여 낸 건축물

무엇이든 더 잘 보기 위해서는 먼저 할 일이 있다. 높이 올라 가거나 시야를 가리는 장애물이 없는 곳에 있어야 한다는 점 이다. 이 두 조건을 갖추지 않으면 제대로 보는 게 아니다. 누구라도 높고 툭 터진 땅을 탐내는 이유가 여기에 있다. 멋 진 조망의 장소는 시야에 들어오는 풍경을 제 것처럼 누리게 하지 않던가.

경포 해변을 찾을 때마다 안목항 근처 하얀 건물이 눈에 띄었다. 가 보기 전에는 '저 건물에선 경포대 풍경이 얼마나 잘 보일까?'라는 생각을 하곤 했다. 그 건물은 1971년에 문을 연 강릉비치 호텔을 거쳐 동해관광 호텔로, 그리고 훗날 호 텔현대경포대로 바뀌었다. 뛰어난 조망으로 600만 명이 넘 는 사람을 끌어들인 명소다. 해변 뒤의 언덕에 자리하고 있 어 야트막한 높이에도 사방이 잘 보이고, 탁 트인 바다와 태 백준령 사이에 있는 경포호도 들어온다. 산과 호수, 바다를 한꺼번에 즐길 수 있는 지점인 것이다. 여기에 지어진 호텔 의 효용성은 말하나 마나다. 언젠가 이 호텔에서 묵을 수 있 기를 바랐다.

이후 가끔 강릉을 찾긴 했지만 경포 해변까지 갈 일은 생기지 않았다. 동해 바다보다 더 급한, 먹고사는 일에 발목을 잡힌 탓이다. 돌아보니 눈 깜짝할 사이에 세월이 흘렀다. 언덕 위의 하얀 호텔은 20년 가까이 나하고 상관없는 곳이 되어 버렸다. 2015년에 옛 호텔을 헐고 새로 지은 '씨마크 호텔(Seamarq Hotel)'이 개장됐다는 소식을 들었다. 갑자기 궁금해졌다. 언덕 위 하얀 호텔의 로망이 내게 아직 남아 있던 것이다. 완공된 호텔을 찾았다. 눈앞의 건물은 기대보다 멋진 위용으로 우뚝했다.

건축계의 노벨상이라 부르는 프리츠커상(Pritzker Architectural Prize)의 주인공 리처드 마이어(Richard Meier)의 솜씨는 훌륭했다. 건축가의 허명(虛名)에 실망하는 경우가 많기에 하는 말이다. 미국의 노(老) 건축가는 처음 맡은 호텔 건물에 자신의 흰색 미학을 그대로 녹여 냈다. 한 세기 전의 건축 명장인 르코르뷔지에(Le Corbusier, 1887~1965) 이후 기능적 건축의 또 다른 전형을 보는 듯했다. 리처드 마이어는 '유리'라는 재료와 색채만으로 조망하기 좋은 건축을 만들어 냈다. 건물 전체는 흰색이다. 색채마저 지운 간결함으로 건물과 외부 조망이 녹아든다. 기둥을 건물의 안쪽으로 감추었으니 외벽은 유리창뿐이다.

호텔은 경포 해수욕장 언덕의 멋진 조망을 독점한 듯했다. 새로운 건물이 들어서면서 바뀐 주변 환경은 이전에 없던 신선함으로 다가온다. 지형지물을 그대로 활용한 건물 배치는 건축가의 공간 해석 능력을 보여 준다. 호텔 입구를 향해 휘감듯 높아지는 길에서 운동감이 느껴진다. 길지 않은 거리이지만 이동 과정에서 다양한 풍광이 펼쳐진다. 원은 각도의 변화가 제일 크다. 여러 채로 나누어진 건물의 구성은 동일한 축상의 배치를 벗어나 있다. 서 있는 곳마다 풍광이 다채롭게 펼쳐지는 건물의 형태는 하나같이 바다를 배경으로 삼았다. 건축가는 이곳에서 바다가 보이지 않는 호텔이란 쓸모없다는 걸 염두에 뒀을 것이다.

수평선 말고 가로선은 보이지 않는 곳

호텔 정문을 들어서는 순간 경탄이 흘러나온다. 탁 트인 로비의 전면에 동해의 푸른 바다가 한눈에 펼쳐진다. 벽 전체가 유리다. 창을 고정시키는 낱개의 프레임은 시선을 불편하게 하지 않을 만큼 크다. 연장된 프레임의 개수만큼이 벽의 면적이다. 프레임의 바깥으로 보이는 건물 난간마저 그 높이를 절묘하게 맞추었다. 철제 프레임의 가로선은 수평선과 겹쳐 있다. 얇은 평철로 처리한 철책 난간조차 수평선 이외의 다른 선으로 도드라지지 않도록 배려한 것이다. 사람의 시선은 두 개의 수평선을 납득하지 못한다. 게다가 유심히 보면 유리창 너머에서 느껴지는 푸른 색감의 착색이 없다. 일반적으로 사용되는 건축용 유리에서 청색을 제거한 백색 유리를 쓴 것이다. 동해 바다의 푸른 색감 그대로 보이게 하려는 섬세한 장치였다. 이로 인해 열을 차단하는 효과는 줄어들게 된다. 동해의 풍경을 온전하게 보여 주려는 건축가의 디테일과 냉난방비가 더 들어도 감수하겠다는 호텔 측의 선택은 남다르다.

실내는 온통 바다로 이어지는 듯한 착각이 들 정도다. 수십 명이 동시에 앉을 수 있을 만큼 기다란 원목 테이블에서 흥분을 진정시켜야 한다. 테이블의 위쪽엔 같은 폭만큼 굴곡진 조명이 매달려 있다. 독일의 산업 디자이너 잉고 마우러(Ingo Maurer)의 작품이다. 허공에 떠 있는 조명의 형태와 원목 그대로의 모서리를 지닌 테이블의 선이 서로 잘 어울린다. 마치 처음부터 함께 만들어진 것처럼 공간을 휘어잡는다. 의자도 범상치 않다. 생전에 스티브 잡스(Steve Jobs, 1955~2011)가 이사 갈 때 제일 먼저 챙겼다는 가구 디자이너 조지 나카시마(George Nakashima, 1905~1990)의 원목 의자다. 거장의 가구가 아무렇지 않게 놓인 이 공간에서 동해의 풍광을 눈에 담는다. 시선을 독점하는 즐거움이 얼마나 큰지 알겠다. 경포 해수욕장 앞바다의 흰 파도가 그대로 밀려온다. 세찬 바람을 막아 주는 안락한 실내에서 바다만 바라보는 시간이 지루하지 않다. 보지 못하면 말 할 수 없다.

평소 호텔 로비에 놓인 의자는 유심히 보지 않으면 흘려버리기 쉽다. 그러한 곳에 르코르뷔지에의 LC2 그랑 콩포르(Grand Comfort) 의자와 미스 반데어로에(Mies van der Rohe, 1886~1969)의 바르셀로나 체어(Barcelona Chair)가 놓여 있다. 세월을 딛고 살아남은 가죽 의자는 현대적 공간에서도 맞춤 제작한 가구처럼 조화롭다. 여기에 앉아 여유를 부려도 좋다.

테이블 뒤로 르코르뷔지에의 LC2 그랑 콩포르 의자
가 보인다. 창가에서 사람들은 조지 나카시마의 원목
의자에 앉아 이야기를 나누고 있다.

씨마크 호텔 로비의 가구들

실내는 온통 바다로 이어지는 듯한 착각이 들 정도다. 로비의 기다란 원목 테이블에 기대 흥분을 진정해야 한다. 수십 명이 동시에 있을 수 있는 길이다. 테이블의 위쪽엔 같은 폭 만큼의 굴곡진 조명이 매달려 있다. 독일의 산업 디자이너 잉고 마우러의 작품이다.

밖에서 본 호텔 로비,
호텔 로비에서 본 동해 바다

씨마크 호텔의 로비는 여행객이 붐비는 여느 호텔처럼 쫓기는 느낌이 들지 않는다. 기둥이 없어 널찍하고, 여유롭게 비워 두어 막힘이 없다. 그래서 이곳에서는 사람들의 웅성임조차 잔잔하게 다가온다. 용무를 마친 사람들의 시선은 약속이나 한듯 하나같이 바다로 향한다.

하루 종일 뒹굴뒹굴하기만 해도 좋은 곳

바닷가로 향한 객실에선 쾌적하게 바다의 조망을 누릴 수 있다. 침대머리에서 눈을 돌리면 바로 바다가 보인다. 추운 겨울에 벌벌 떨며 보았던 동해 일출 장면을 누워서 바라보는 맛도 좋을 것 같았다. 더욱 환상적인 곳은 바다로 향해 있는 욕실과 화장실이다. 유리로 둘러싸여 있어 전면이 툭 터진 화장실에서 바다를 보며 시원하게 볼일을 보는 즐거움은 특별하다. 시선의 쾌감과 후련함은 두고두고 기억에 남는 사건이 된다.

할 수만 있다면 바다와 산, 호수가 동시에 보이는 이그제큐티브 스위트룸(executive suite room)을 얻어야 한다. 씨마크 호텔의 진면목은 이 공간에서 극대화되기 때문이다. 경포 해변의 풍광과 기억이 온몸으로 스며들지 모른다. 하루를 통해 시시각각 달라지는 빛의 효과가 주변의 자연을 특별하게 만들어 준다. 동쪽 바다는 신비한 아침을 열어 주고, 대낮의 강문항과 경포호는 생동감으로 활기차며, 저녁의 태백산맥은 장엄한 깊이로 묵직해진다.

하루 종일 아무것도 하지 말고 호텔 방에서 뒹굴뒹굴하는 즐거움은 의외로 크다. 여유 있게 바라보는 풍경의 독점은 황제의 권능을 부럽지 않게 해 준다. 이곳에 있으면 사람들이 왜 그렇게 높은 곳에 올라가고 싶어 하는지 저절로 알게 된다. 세상을 다 가진듯한 느낌은 조망의 지점에 있는 순간에 극대화된다. 전망 좋은 곳에서 바깥을 바라보는 일은 힘 있는 자만이 누리는 특권이었다. 이제 조망의 즐거움이 누구에게나 열려 있는 시대에 산다. 경포 해수욕장의 풍광이 이토록 입체적이며 온전하게 다가온다는 건 크나큰 위안이다.

바깥만 보고 있어도 지루하지 않다. 냉장고에 맥주만 넉넉히 채워져 있다면 며칠이라도 있을 수 있겠다. 전력이 다하면 그때부터는 책을 읽으면 된다. 졸리면 자고 깨면 호수와 산을 보면 된다. 바람과 냄새를 느끼고 싶다면 테라스로 나가면 된다. 바람은 세차고 일렁이는 파도 소리는 기운차며 바다 냄새는 싱그럽다. 내 나라의 익숙하고 잔잔한 풍광이 얼마나 소중하고 대단한 것인지 알겠다. 그동안 돌아다녔던 세계의 여러 나라에서도 바다와 산이 동시에 보이는 곳을 보지 못했다. 무릇 확신이란 수많은 비교를 통해 비로소 단단해진다.

씨마크 호텔엔 특별한 곳이 하나 더 있다. 펜트하우스다. 평소라면 들어갈 엄두조차 내지 않았을 곳을 운 좋게 둘러볼 기회가 생겼다. 세계적 부호들이 이곳을 애용한다는 얘기를 들었다. 경포 일대 건물들 가운데 가장 높은 곳에 씨마크 호텔이 있다. 거기서 가장 높은 곳이 펜트하우스다. 어디에 시선을 두어도 막히는 곳이 없다. 전 방향으로 터진 조망의 프리미엄은 대단하다. 태백산맥의 연봉(連峯)은 듬직하고 단단한 기세로 이어져 있으며, 경포호의 물빛은 비단처럼 부드러워 보였다. 앞에 펼쳐지는 동해 바다는 푸르른 물색으로 지치지 않고 파도를 밀어내며 주위를 포용했다. 경포 해수욕장에 들렀던 어떤 순간도 이 자리만큼 경포 일대를 제대로 보여 주지 않았다. 잘 안다 여겼던 경포 인근이 마치 처음 보는 것처럼 낯설게 느껴졌다. 멋진 풍광을 독점하는 조망의 대가는 비싼 값뿐이다. 내가 부호라면 조망을 위해 이 정도 비용은 당연하다 여기겠다.

펜트하우스 안에 있는 가구는 이 시대의 수작들이다. 로베르토 라체로니(Roberto Lazzeroni)의 세련된 가죽 의자, 작업용 전등을 재해석한 토비아스 그라우(Tobias Grau)의 조명이 있다. 엉덩이의 감촉과 불빛의 따스함까지 쾌적하게 조율해 놓았다. 멋지긴 하지만 앞으로 이곳은 나와 상관없을 터다. 그러니 15층 아래의 객실에서 누리는 호사와 조망의 즐거움이 내게는 더욱 소중하다.

씨마크 호텔에 머물러 본 후부터는 다시 가 보고 싶다는 생각이 간절하다. 계절이 바뀔 때, 마음이 울적해질 때 훌쩍 떠나 며칠 머무르고 싶은 충동이 인다. 예전에 없던 일이다. 그리워지는 게 많아지면 약해졌다는 징조인데, 이를 어찌할꼬…….

○

나의
화장실
순례
기

반복되는 삶이
특별하고 즐거워지는 순간

꽤 오래 전에 파키스탄을 여행한 적이 있다. 목적은 거창해서 인더스 문명의 하라파(Harappa) 유적지를 찾아보는 거였다. 이슬라마바드(Islamabad)와 라호르(Lahore)를 거쳐 하라파로 이동했다. 황량한 벌판에 흙먼지만 풀풀 날렸다. 다 부스러진 벽돌의 잔해들을 헤치며 고대 도시의 영화를 상상해봤지만, 기대만큼 볼 것은 많지 않았다.

선명하게 남아 있는 기억은 화장실 유물뿐이다. 벽돌로 지어진 기다란 변기는 색이 바래고 허물어졌지만, 용도를 짐작하기가 어렵지 않았다. 걸터앉는 부분에 널빤지를 깔고 일을 보면 아래 수로로 흐르는 물에 용변이 씻겨 내려갔다. 원시적이긴 하지만 요즘 말하는 수세식 화장실인 것이다. 고대인이 지금도 엉망인 파키스탄 여느 도시의 화장실보다 더 나은 시설을 갖추고 살았다는 게 된다.

5천 년 전쯤의 하라파는 지금과 달리 물이 풍부하고 번영한 도시였단 증거가 된다. 과거를 미개하다 깔보고 그들을 열등하게 여기는 현대인의 오만과 편견이 싸악 가시는 순간이었다. 제 발로 찾은 현장에서 확인한 '문명의 충격'은 지워지지 않았다.

이후 화장실에 대해 관심을 갖게 됐다. 파푸아 뉴기니의 밀림 속에서 사는 원시 부족이나 몽골 초원에서 사는 유목민은 지금도 화장실 없이 산다. 그 현장에 가 보면 자연 조건때문에 화장실을 갖춰 놓고 사는 일이 더 불편함을 공감하게된다. 자연의 일부인 인간들 또한 순환의 한축을 담당하며 살아간다. 흔적을 남기지 않는다는 점에서 세상에서 제일 깨끗하게 사는 사람이라 할 수 있다. 그렇지 못하다면 화장실은 반드시 갖추어야 할 기본 시설이 된다. 누구라도 매일, 평생 반복해서 치러야 하는 행사인 까닭이다.

배설물을 어떻게 처리하느냐의 방법은 선진과 후진의 차이일 뿐이다. 인간이라면 누구나 똑같은 자세로 힘주며 시간을 보내야 한다는 점에서 다르지 않다. 선진국의 화장실이 더 나은 거라곤 쾌적함 정도다. 좋은 시설과 분위기를 갖추어 오래 머물러도 덜 불편할 뿐이다. 하지만 화장실은 매우 중요한 장소다. 머무르는 시간 동안 외부의 시선과 차단된, 온전한 자유의 시간을 갖게 된다는 점에서 그렇다. 요즘 감각적인 화장실이 늘어나고 있는 이유다.

문득 자신과 맞대면하는 공간

자연스럽게 관계의 차단이 이루어지는 곳이 화장실이다. 문득 자신과 맞대면하게 되는 경우가 있다. 홀로 큰 거울에 비친 제 얼굴을 볼 때다. 비로소 객관화된 자신의 모습이 들어온다. 순간 많은 생각이 떠오른다. 쭈그리고 앉아 볼 일을 본다. 무방비 상태에서 할 수 있는 적격의 일은 멍하게 있는 것이다. 번뜩이는 아이디어가 떠오를지 모른다. 그렇지 않다면, 할 수 있는 일이란 책이나 잡지를 읽거나 스마트폰을 보게 된다. 갑자기 화장실 밖 풍경이 궁금해질 수 있다. 시선의 높이에서 펼쳐지는 볼거리가 중요하다. 무엇을 보느냐에 따라 화장실 안에서의 시간이 다르게 느껴질 테니까.

성공한 CEO의 펜트하우스에 가 본 적이 있다. 도심의 고층 건물 꼭대기에서 본 서울은 오가는 차들의 불빛이 촘촘히 들어선 건물 사이를 가로질러 한강까지 이어져 흐른다. 도시의 밤은 살아 움직이는 생명체 같았다. 평소 느끼지 못했던 역동적 모습이다. 이 장면을 화장실 안에서 봤다. 화장실과 벽면의 유리창 사이엔 시야를 가리는 장애물이 없다. 일부러 실내를 개조해 만들었다. 변기에 앉아 있는 동안 온전하게 서울의 현재가 눈에 들어온다. 순간 연상되는 많은 것이 있다. 평소 풀리지 않았던 사안의 해결책이 될 수도 있을 것 같았다.

유리로 된 건물은 안 쪽의 밝기가 어두우면 외부에서 보이지 않는다. 차 안의 사람 모습이 잘 보이지 않는 이유와 같다. 게다가 특수 필름 처리된 유리창을 쓰면 시야차단율은 더 높아진다. 화장실과 샤워 부스에서 벌거벗고 돌아다녀도 괜찮다는 말이다. 밤에도 별 문제가 없다. 실내 불을 끄면 되니까. 남이 나를 보지 않을까 하는 우려는 처음부터 하지 않았다고 했다. 안에서는 밖이 다 보이고, 밖에선 안이 들여다보이지 않는 일방적 시선의 확보다. 하루의 시작과 마감을 신선한 자극과 영감으로 채우고 싶은 CEO의 생각을 격하게 공감했다. 이제 화장실은 중요한 생활공간으로 바뀌고 있다는 생각이 들었다.

화장실 안에서 보내는 시간과 경험의 내용이 소중하다는 걸 알게 된 변화다. 차분한 분위기와 실내 디자인 그리고 새로운 모양의 변기를 들여놓는 게 일반적 대처다. 아니라면 인터넷이 연결된 모니터 시설과 그림을 걸어놓기도 한다. 여기에 적절한 조명을 설치해 효과를 끌어올린다. 탈취시설과 향도 빼놓을 수 없다. 악취와 대응되는 향의 선택으로 어쩔 수 없는 일상의 시간조차 특별하게 만들려는 노력이기도 하다.

유럽 화장실에서 치욕스럽게 볼일을 보다

몇 년 전 독일의 일부 공중화장실에 모니터가 설치된 걸 보았다. 잠깐 동안이라도 필요한 정보를 검색할 수 있게 한 배려다. 우리보다 IT 기기들의 활용도가 떨어진다고 생각했던 유럽의 도시들이었다. 시설의 유무는 필요와 정서, 문화적 대처에 따라 다르다. 하지만 정부의 대처가 사람들의 기대를 앞질러 간다는 점에서 놀랍다. 화장실 안에서 사람들이 원하는 것은 무엇일까? '무엇인가 보고 싶다'라는 단순한 기대일 것이다. 인터넷이 그 대안이란 점은 재미있다.

스위스의 공중 화장실도 인상에 남는다. 내부가 매우 청결하고 쾌적하다. 당연히 돈을 받으며, 받은 만큼의 서비스가 제공된다. 샤워 부스까지 있어 몸을 씻을 수 있다. 시설은 어디 하나 부실함이 느껴지지 않는 디테일을 보여 준다. 벽과 세워진 변기의 틈새는 백년을 써도 끄떡없을 만큼 단단하게 메워져 있다. 오래된 듯한 수도꼭지의 도금조차 광택을 잃지 않아 가까이 가면 얼굴을 비출 만큼 매끄럽게 반짝였다. 비눗물로 얼룩지지 않은 세면대는 내 집처럼 깔끔했다.

그래도 흠이 있게 마련이다. 세계에서 평균 신장이 가장 큰 나라답게 소변기를 높게 달아 놓았다. 우리나라에선 작은 키가 아닌 나도 점프를 해야 겨우 닿을 정도였다. 할 수 있는 한 까치발을 해서 겨우 오줌을 누었다. 자세가 불안정해서 비틀거렸다. 이상하게 치욕스러웠다. 화장실 사용료의 일부를 쿠폰 형태로 돌려주어서 사 마신 커피로 마음을 겨우 진정시켰다.

화장실 때문에 생긴 일이 많다. 우리나라만큼 화장실 인심이 후한 나라가 없음을 뒤늦게 알았다. 유럽의 많은 도시에선 야박하게도 화장실에서 돈을 받는다. 어떤 곳은 아주머

니가 직접 입구를 지킨다. 동전이 없어 발을 동동 굴러도 눈 하나 까딱하지 않는다. 인정머리 없는 행동이다. 그렇지 않다면 자동개폐기가 그 자리를 대신한다. 기계인 만큼 절대 공짜로 지나가게 해 주는 법이 없다. 머무는 동안 바지 주머니에 동전이 없으면 왠지 불안했다.

우리나라에선 어느 화장실을 가든 돈 받는 곳이 없다. 게다가 고급 펄프로 만든 하얗고 보드라운 휴지까지 공짜다. 세상에서 화장실과 휴지 인심이 좋은 나라의 으뜸이 바로 대한민국이다. 이러니 너도 나도 아무렇게나 사용하고 휴지도 넘치도록 풀어 쓴다. 친절을 베푼 만큼 고마운 마음으로 깨끗하게 쓸뿐더러 흔적을 남기지 않아야 예의다. 과잉의 흔적은 볼썽사납다. 바닥은 더러워지고 쌓인 휴지로 어지럽다.

제가 싼 흔적도 보기 싫어 코를 쥐어 막는 게 사람이다. 그러니 남들에겐 더더욱 보여선 안 된다. 모든 것은 변기 속에 넣어 아무것도 남기지 않아야 잘 하는 짓이다. 물에 닿기만 해도 녹는 고급 휴지는 적당히 풀어 쓰면 변기 막히는 일이 없다. 멀쩡한 나라치고 화장실 안에 쓰레기통을 놓은 데가 없었다. 내 눈으로 직접 확인한 사실이다. 우리나라에선 쓰레기통이 당연히 있어야 한다고 여긴다. 휴지는 모두 제 돈 내고 사 쓸 것이며 적게 써야 옳다. 더 큰 환경을 지키는 나무가 사라지기 때문이다.

화장실은 중요하다. 비우는 만큼 잘 먹을 수 있기 때문이다. 우리나라는 국민건강을 위해 화장실에 많은 신경을 쓴다. 화장실 이용의 편리함은 그야말로 대만족이다. 전철역마다 큼직한 화장실이 있고, 웬만큼 큰 건물의 화장실은 다 개방된다. 세계 어느 나라도 하지 못한 화장실 공용화가 보편적으로 이뤄졌다. 자부심을 가져도 될 만하다. 화장실을 찾지 못해 낭패 보는 일은 적어도 우리나라에선 좀처럼 생기지 않는다.

한국 화장실, 어디까지 가봤니

전국을 돌며 인상에 남는 화장실을 찾아보았다. 깔끔하고 차분한 화장실이라면 서울의 '사운즈 한남'을 들겠다. 카페와 식당, 서점과 음악 감상실이 있는 복합문화 공간으로 서울의 핫 플레이스로 떠오른 곳이다. 좁은 면적을 잘 활용한 건축의 묘미와 함께 화장실 인테리어가 돋보인다. 타일과 목재로 내부를 마감한 화장실은 부드러운 조명이 더해져 따스한 느낌이다. 세면대 거울은 둥근 것을 걸어 놨다. 목재의 따스한 느낌을 방해하지 않는 조합이다. 화장실 안에서 잠깐 동안의 휴식을 즐겨도 될 것 같다.

인테리어의 고급스러움과 쾌적함이 넘치는 호텔 화장실도 빼놓을 수 없다. 서울 광화문에 있는 '포시즌스 호텔 서울'의 묵직하고 차분한 분위기도 좋았다. 호텔이 들어서기 이전의 기억이 더욱 많은 내게 이곳은 오아시스 같다. 약속 장소를 변경하자는 후배에게 주저 없이 포시즌스 호텔 서울의 커피숍으로 오라 했다. 화장실 때문에 결정한 내 속내를 그녀는 모른다.

인천 '파라다이스시티 호텔'에 있는 화장실의 화려함은 소문났다. 일부러라도 들러볼 만하다. 우아한 분위기의 조명과 차분한 색채의 조합이 세련됐다. 여기선 변기에 앉아 힘주는 소리도 내면 안 될 것 같다. 장소에 따라 마음가짐이 달라진다는 예로 삼을 만하다. 큼직한 거울 앞에서 옷맵시도 가다듬어야 한다. 화장실을 벗어나면 복도에서 현대 미술품과 마주치게 된다. 속을 비웠으므로 담아가는 즐거움은 많아도 문제없을 것이다.

가장 인상적인 호텔 화장실을 들라면 단연 강릉의 '씨마크 호텔'이다. 반드시 바다가 보이는 방을 얻어야 한다. 칸막이가 없어 시야를 막지 않는 화장실이 여기에 있다. 변기에 앉아 툭 터진 동해를 바라보는 쾌감은 대단하다. 싸면서 보는 동시 가동의 감각이 강렬하게 다가온다. 장소와 시간이 정해졌다면 거기에 어울리는 사건이 더해져 선명한 기억으로 남게 마련이다. 이토록 후련하고 시원한 기분을 느껴 본 적이 없다. 아름다움은 한 번만으로 충족되지 않는다. 반복으로 선명해진 방의 기억이 곁들여졌다. 화장실 때문에 비롯된 씨마크 호텔의 선호는 같은 방을 세 번이나 찾는 열성으로 이어졌다. 중독성이 있을 만큼 아름답다. 다시 봐도 여전히 좋았다.

놀라운 반전을 숨겨 둔 화장실

이번에는 똑같이 바다가 보이지만 서해다. 평소 보던 업소나 호텔의 화장실과는 결이 다르다. 호불호가 갈릴 수도 있겠다. 건물과 동떨어진 위치에 있고 냉난방은 당연히 안 된다. 그보다 더 문제가 되는 건 푸세식이란 점이다. 이런 이유 때문에 여성들이 싫어할 수도 있겠다. 하지만 최근 지어진 절집의 화장실 가운데 이보다 단아하고 기품 넘치는 곳은 찾기 어렵다.

바로 김제 망해사의 해우소다. 解憂所, 근심을 더는 곳이란 뜻이다. 망해사는 김제 만경평야의 너른 뜰 끝에 세워져 있다. 절의 위치가 절묘하다. 그리 높지 않은 언덕임에도 사방이 조망된다. 분위기를 짐작했을 것이다. 해우소는 바로 바다가 잘 보이는 언덕바지에 있다. 앉으면 서해가 한눈에 들어오니 걱정 근심도 함께 씻겨 내릴 만하다. 해우소 건물은 문화재 가치가 있는 고(古) 건축물은 아니다. 하지만 만든 솜씨가 범상치 않다. 나뭇결을 그대로 드러낸 건물은 예사롭지 않았고 정교한 짜임새로 단단하게 지어졌다.

건물 한 채가 전부 화장실이다. 예전 절에서 보던 엉성한 나무 널빤지를 상상하면 안 된다. 탄탄하게 짜 놓은 나무틀 사이로 볼일을 보면 된다. 떨어지는 소리와 시간으로 짐작건대 깊이가 꽤 깊은 듯하다. 빠지지 않도록 조심하는 수밖에 없다. 잘 지은 해우소 건물을 보러 이곳에 오는 게 아니다. 지그시 앉아 제대로 일을 보며 펼쳐지는 눈앞의 풍경과 자신을 조율해야 한다. 일 년 사계 가운데 지나치게 덥거나 추운 날이 아니어야 효과가 있다. 습도가 높은 날, 궂은 날도 곤란하고 밤은 더욱 곤란하다.

놀라운 반전은 벽에 뚫린 창에서 펼쳐진다. 미닫이 나무 문이 전부다. 맨눈과 풍경이 직접 마주친다. 당연하게 여겼던 유리가 빠졌을 뿐인데 선명하다. 서해의 풍경이 일부러 구도를 잡아 보게 된 카메라 파인더처럼 정갈하게 잘려진다. 어두컴컴한 해우소의 실내는 자연스럽게 외부의 풍경에 집중시킨다. 극적 분위기의 완결은 작은 나무창으로 불어오는 싱그러운 바람이다. 시선과 촉감의 불꽃이 이는 듯했다. 쪼그리고 앉아 맞는 쾌감의 확장은 진심의 해우로 이어졌다. 망해사 해우소는 꼭 한 번 가 보길 권한다. 내가 봤던 최고의 화장실이다.

부산에 가면 비슷한 화장실이 하나 더 있다. 초량 1941이다. 적산가옥을 개조해 복합문화 공간으로 활용하는 곳이다. 도시 재생의 모범 사례로 많은 사람이 찾는다. 여러 공간은 나름의 개성을 살려 잘 꾸며 놓았다. 나는 화장실이 더 마음에 든다. 지어진 지 오래된 옛 건물의 공간 활용법이란 제한이 많기 마련이다. 어쩔 수 없이 건물의 구석에 만들어 놓은 화장실을 보고 깜짝 놀랐다. 세련된 인테리어나 크기 때문이 아니다. 마치 아기자기한 동화 속 다락방 같은 분위기 때문이다. 콘크리트 블록의 틈새를 메운 작은 가벽이 화장실 가운데에 세워져 있다. 일반 화장실의 변기는 벽에 붙여 놓는다. 대신 여기선 가운데 가벽 앞에 변기가 앉혀 있다. 공간 활용을 위해 세면대 또한 변기의 뒤쪽에 달아 놓았다.

변기와 세면대의 통상적 위치가 바뀌었을 뿐인데 화장실의 느낌이 전혀 달랐다. 그리고 벽에 뚫린 작은 창문으로 빛이 쏟아져 들어온다. 온통 흰색으로 칠해진 좁고 밀폐된 화장실 공간에서 창문은 희망의 창구처럼 여겨졌다. 바깥 세계가 저절로 궁금해졌다. 변기에 앉으니 오가는 배가 보인다. 부산은 항구가 맞았다. 화장실 창문을 통해 본 부산항은 지금까지 보지 못한 신선한 부산이란 생각을 안겨 주었다.

독일, 오스트리아,
사운즈 한남, 포시즌스 호텔 서울의 남자 화장실

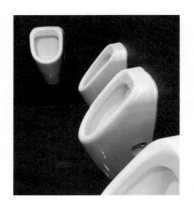

파라다이스시티 호텔,
씨마크 호텔의 화장실

김제 망해사 해우소,
부산 초량 1941의 화장실

그곳에서 쇼핑을 하면 즐거운 이유

즐거운 이유

내가 사랑한 공간들 ○ 2부

○

스
타
필
드

눈이 즐거운 곳에선
발걸음도 느려진다

하남시 쪽 올림픽 대로의 끄트머리는 많은 차량으로 유난히 혼잡하다. 2016년 가을 이후부터 주말이면 이곳은 교통이 마비되곤 한다. '스타필드 하남'이 들어선 이후의 변화다. 곧 평정을 찾으리란 기대는 번번이 어긋났다. 일 년 내내 주말이면 스타필드 하남의 앞길을 거쳐 양평으로 빠지는 길을 이용했는데, 매주 교통난을 겪었으니 말이다.

　'복합쇼핑몰'이라는 애매한 이름으로 불리는 이 낯선 건물은 생기자마자 화제로 떠올랐다. 도대체 스타필드가 무엇이길래 이토록 많은 사람이 찾는 것일까. 유명 브랜드의 프리미엄 때문일까? 아니면 그동안 마땅한 쇼핑몰이 없었던 이 지역의 기대감 때문일까? 볼거리, 놀 거리, 먹을거리가 한 자리에 갖추어져 있다는 기능적 편의성 때문일까? 어떤 이유이든 새로 생긴 쇼핑몰은 돌풍을 일으키며 곧 여러 지역으로 퍼져 나갔다. 현재 고양시를 거쳐 위례시와 부천시에서는 '스타필드 시티'라는 이름으로 성업 중이다. 이들은 모두 서울 외곽에 위치한다는 공통점이 있다. 스타필드는 부도심권 주민의 달라진 생활 패턴에 주목했다. 새로운 라이프 스타일을 제시했고, 사람들은 그 신선한 제안에 마음을 열었다.

스타필드의 영업 전략은 나의 관심 사항이 아니다. 그보다 새로운 공간이 사람들의 삶을 바꾸고 있다는 점에 주목한다. 스타필드 주변에 사는 주민이자 이용 빈도가 높은 내게도 이곳은 중요한 장소가 되었다. 여기서 살림에 필요한 물건을 사고 밥을 먹는다. 사람들을 만나 커피를 마시고 서점에 들러 책을 사고 영화를 보기도 한다. 상층에 있는 찜질방에서 휴식을 취하고 운동 시설에서 체력도 키운다. 자동차의 타이어를 교체하기도 하고 별렀던 세차도 한다. 멍하니 앉아 오가는 사람들을 지켜보는 즐거움도 빼놓을 수 없다.

도시에서는 혼잡한 도로 사정상 여기저기 이동하며 일을 처리하기가 점점 힘들어지고 있다. 이제 사람들은 찾아다니는 일도 성가셔 한다. 복잡한 선택의 과정도 힘들어 한다. 사회생활의 스트레스와 피곤함만으로도 벅차기 때문이다. 고민 없이 고를 수 있도록 모든 걸 제시해 주길 바라고 있다. 새로운 라이프 스타일의 등장과 이를 담는 공간의 중요성이 필요해진 이유다. 쇼핑몰은 무엇을 파는지 중요하지 않다. 어디든 파는 물건은 비슷하지 않은가. 이제는 어떻게 파느냐가 중요해진 것이다. 스타필드는 더 나은 분위기와 눈길을 끄는 아름다움, 체험할 수 있는 기회 등을 알밉도록 매끈하게 다듬어 놓았다.

건물의 높이가 아닌 길이에 주목하라

스타필드는 건물 크기와 범상치 않은 외부 장식으로 시선을 끈다. 하지만 규모가 큰 백화점이나 쇼핑몰은 부산과 대구에도 있다. 특이하고 세련된 건물의 인테리어라면 다른 곳도 만만치 않다. 사람들이 좋아하는 공간이라면 뭔가 다른 차별적 요소가 있는 게 분명하다. 우선 가 보시라. 안에 들어서면 바로 지금까지 봤던 쇼핑몰과 뭔가 다르다는 느낌을 갖게 될 것이다. 건물의 비례 때문이다.

건물의 규모를 키우는 방법은 두 가지다. 땅이 좁다면 높이를 올려 고층으로 짓고, 반대라면 옆으로 넓히면 된다. 우리나라처럼 땅값이 비싼 곳에선 당연히 고층 형태의 건물이 많다. 고층 건물에선 공간을 넓게 사용하는 데 인색해지게 마련이다. 눈높이로 펼쳐지는 시선의 제한은 필연적이다. 공간의 효율성을 앞세운 방과 벽이 시선의 끝점에 놓인다. 답답함을 당연하게 받아들일 수밖에 없다.

새로 생긴 스타필드는 기존의 상식을 깼다. 넓은 땅에 길이를 늘인 건물을 만들었다. 기다란 건물이 주는 느낌이 얼마나 다른지 말로는 실감하기 어렵다. 미국 캘리포니아에서 봤던 대형 쇼핑몰은 길이가 수백 미터였다. 끝이 보이지 않을 만큼 펼쳐진 실내 모습에 무척 당황했었다. 그동안 내가 겪은 건물이란 고작 조각으로 나누어진 방에 들어서는 것뿐이었기 때문이다. 시선의 확장이 주는 인상은 강렬했다. 우선 답답하지 않아 좋았다. 너른 광야가 주는 해방감 같은 기분이랄까.

크기의 압도감은 건물의 길이에서도 생긴다. 우리나라에서 높이가 아닌 길이를 강조한 건물을 보게 될 줄은 몰랐다. 기다란 건물 안에 들어서면 수평으로 툭 터진 시야가 외려 낯설게 느껴진다. 시선을 가로막는 장애물이 없어졌을 뿐인데 모든 게 새롭다. 익숙했던 수직 구조의 관성에서 벗어난 시각 체험의 효과라 할 만하다. 게다가 건물 내부는 비워져 있다. 전체로 보면 가운데를 비우고 주변의 테두리를 매장으로 채운 직육면체가 되는 셈이다. 비워야 채워진다는 격언을 누가 모를까. 알지만 꾹꾹 채워 넣어야 직성이 풀리는 게 우리네 삶이다. 그런데 스타필드는 돈이 되는 매장 수를 늘리는 대신 시선의 여유를 위해 비워 두는 선택을 했다. 비워진 공간의 주변에 매장의 쇼윈도가 들어서 있다.

통로를 이어 기나긴 길이 만들어졌고, 좌우를 연결하니 자연스럽게 순환로가 되었다. 진열된 상품과 오가는 사람들을 보며 걷는 일이 즐거워진다. 이동하기 위해 걷는 게 아니란 점이 중요하다. 단절되지 않고 이어지는 앞쪽의 시선과 비워져 보이는 위아래 층의 모습이 호기심을 자극한다. 위층에 있으면 아래층의 브랜드숍 간판이 보인다. 아래층에선 위층의 디스플레이가 눈에 띈다. 교차의 시선은 발견의 즐거움을 느끼게 해 준다.

　보여야 관심도 생기고, 갖고 싶은 욕망도 커지게 마련이
다. 눈이 즐거운 곳에선 발걸음조차 느려진다. 인간의 눈은
야박해서 볼 것이 없는 곳에 절대 오래 머무르지 않는다. 같
은 내용을 어떻게 보여 주는가에 따라 시선이 머무는 시간도
달라진다. 눈에 들어오는 순간 귀와 코의 감각도 활성화된
다. 뻥 뚫린 공간의 여유에서 오는 시선의 확장을 걸음으로
유도하는 재주가 스타필드의 매력이다. 우리의 선택을 이끄
는 건 결국 공간의 체험에서 온다.

　천장의 일부를 터 햇빛이 들어오게 한 자연 채광 효과도
신선하다. 건물 안에서 하늘의 구름이 떠다니는 풍경까지 볼
수 있다. 건물의 가운데를 비웠으니 어느 층에서도 같은 체
험을 하게 된다. 고층 건물이라면 하고 싶어도 할 수가 없다.
하늘에서 비추는 햇빛은 벽으로 막힌 방을 지나 바닥까지 닿
는 법이 없다. 걷다가 하늘이 보이는 건물의 아름다움에 감
탄하게 된다. 이를 보고도 아무런 느낌이 들지 않는다면 자
신의 무딤을 탓하는 게 맞다.

걷고 싶은 마을의 축소판

내부는 거리의 축소판이다. 도시의 일상은 서로를 바라보는
일로 시간을 채운다. 남의 시선을 전혀 의식하지 않는다는
건 거짓말이다. 화려한 조명이 비춰지고 멋진 색채가 돋보이
는 길 위에선 모두가 주인공이 된다. 스타필드에는 옷을 멋

지게 입고 나온 사람들이 많다. 자신을 더 매력적으로 보이고 싶어서일 게다. 남들이 보는 시선을 즐기며 자기표현을 할 기회로 삼는 것이다.

그토록 걷고 싶었던 서울 도심에선 이젠 더 이상 걷지 못한다. 자동차의 소음과 매연, 그리고 혼잡함을 헤치며 우아하게 걸을 수 없기 때문이다. 쾌적하게 걸을 수 있는 길은 이제 건물 안에 있다. 그 길에서 서로가 서로를 쳐다본다. 단장시킨 강아지와 고양이의 출입이 가능하도록 허용한 이유도 여기에 있다. 이제 물건만을 사기 위해 쇼핑몰에 들르지 않는다. 도시의 삶이 연장되는 공간의 역할이 더해졌다. 삶과 놀이와 축제는 이제 떨어질 수가 없다.

스타필드에선 서로의 간격과 널찍한 공간의 여유까지 모든 게 넉넉하다. 천천히 걷거나 통로에 있는 의자에 앉아 지나가는 사람들을 보는 재미도 쏠쏠하다. 사람 구경만큼 지루하지 않은 볼거리도 없다. 장터와 골목, 광장 같은 데서 벌어졌던 일이 일 년 내내 이어진다. 사람이 만든 풍경은 되풀이되는 법이 없다. 많은 사람이 오가는지라 매번 새로운 드라마가 펼쳐진다. 사람들을 바라본다는 것은 스포츠 중계에 열광하는 관전의 묘미와 비슷한 데가 있다. 걸을 수 없게 바뀐 도시의 길과 골목이 만들어 놓은 역설이다. 큰 길과 골목이 연결되고 마을이 이어지는 곳이 사라져 버렸다. 도시의 산책자들로 북적이던 사람 사는 모습이 절실하게 보고 싶어진 것이다.

스타필드 안에서 도시 공간의 허기를 채우다

요즘 사람들은 스마트폰에 모든 시선을 빼앗겨 서로 얼굴을 마주할 일이 거의 없다. 게다가 많은 사람이 아파트에 산다. 안에서 할 일이란 대부분 비슷하다. 유사한 위치에 자리한 텔레비전을 보며 소파에서 뒹굴다 잠든다. 홀로 있기 위해서도, 함께 관심을 나누기 위해서도 별도의 공간이 절실해진다. 관계로부터 벗어나 홀가분하게 자신을 가리고 숨을 공간도 필요해졌다. 겪어 봐야만 비로소 보이는 것들이 있다. 공간의 허기는 도시에 사는 이들 대부분이 느끼는 속내다. 그러나 거주지는 만만하게 옮길 수 있는 대상이 아니다. 사람이 밖으로 나가는 게 자연스럽다. 모두가 원하는 익명의 공간이면 더욱 좋을 것이다. 대안을 찾게 마련이다.

차량 위주의 도시 설계와 주거 지역과 상권이 분리된 도시는 사람들의 사는 방식마저 바꾸어 놓았다. 즐거웠던 기억을 복원시켜 주기 위한 자생적 노력은 새로운 공간의 제안으로 실마리를 풀었다. 한때 유행했던 도심의 아케이드가 규모를 키우고 기능을 더해 스타필드로 이어진 느낌이다. 일상의 삶을 다 담을 수 있는 복합 공간의 탄생이다. 도시의 현재를 정확하게 파악한 민간 기업의 대처는 적절했다.

이 공간의 의미화가 중요하다. 쇼핑몰로 이름 붙이면 물건을 사고파는 장소가 된다. 도시 생활의 낭만과 문화까지 담는 그릇으로서의 공간이라면 또 다른 이름이 필요해진다. 스타필드(Starfield), 스타필드가 이런 의미를 담는 대명사가 돼도 좋겠다. 먼저 제안해 많은 사람이 호응하고 불러 주면 이름은 고정되는 법이다.

스타필드의 공간 기획자는 우리의 주거 환경이 서로를 어떻게 단절시키는지 정확하게 읽었다. 인간의 마음을 헤아리지 못하는 공간은 형태를 걷어 내면 아무것도 남지 않는다. 이 안에 들어서면 좀 더 느리게 행동해도, 하릴 없이 머물러도 괜찮을 것 같다. 시간과 공간의 압축이 미덕인 시대에 조금 느슨해지고 여유의 시간을 보내길 바라고 있는지도 모른다. 따뜻한 느낌과 긴밀함을 강조하기 위해 조명의 밝기와 색 온도까지 고려한 분위기로 실내를 채웠다. 활기 넘치는 공간의 곳곳에 몸과 마음을 쉬게 할 카페가 많다. 물건을 사러 왔지만 얼굴 마주보고 이야기하는 시간의 소중함을 더 느끼게 하자는 것이다. 새로운 장소가 생겼을 뿐인데 그 안에선 생각보다 많은 일이 벌어지고 있다.

같은 값이면 더 좋고 아름다운 걸 갖고 싶고, 보고 싶은 욕구가 커지는 건 당연하다. 인터넷에서 비롯된 정보 격차의 줄어듦이 준 혜택이다. 스마트폰으로 그 격차는 더욱 줄어들어 같은 내용을 모두 알게 된다. 감정과 체험마저 공유되는 시대다. 게다가 해외여행의 경험이 늘면서 좋은 것이 무엇인지 알게 된 사람들이 많아졌다. 멋진 건축과 아름다움이 배어나는 공간에 머물며 생기는 충족감을 경험했다. 멋진 장소의 기대를 스타필드가 앞서 제시하고 체험하게 해 주었다. 더 멀리 보고 느리게 걷게 만들어 머무르게 한 장치의 공감이다. 열광적 반응은 당연할지 모른다.

새로 만들어진 쇼핑몰 가운데에 이런 개념의 큰 건물은 지금껏 없었던 것 같다. 불특정 다수를 위한 공간 모델은 엄청난 이용객의 수로 성공을 입증했다. 스타필드의 실험은 계속 이어질 것이다. 계속 늘려 갈 계획이고, 이미 세 곳이 만들어졌다. 벌써 중국 후난성 창사엔 스타필드의 로고까지 그대로 베낀 짝퉁 쇼핑몰이 생겼다. 잽싼 행보가 놀라울 뿐이다. 중국인도 멀리 있는 미국 사례보다 가까운 스타필드 모델이 자기네에게 유리하다고 판단한 것이다. 후발 주자가 그대로 따라하는 걸 막을 방법은 없다. 이왕이면 스타필드가 멋진 공간을 제시하고, 또 그 다음을 채워 가면서 전 세계가 공감하는 명소로 자리 잡았으면 한다.

천장의 일부를 터 햇빛이 들어오게 한 자연 채광 효과
는 신선하다. 건물 안에서 하늘의 구름이 떠다니는 풍
경까지 볼 수 있다. 건물의 가운데를 비웠으니 어느 층
에서도 같은 체험을 하게 된다.

스타필드 고양

○

현대카드 라이브러리

나는 오늘도
도서관에서 요리를 한다

2015년에 디자인과 예술을 다루는 〈디어헌터Dear Hunter〉라는 텔레비전 프로그램에 출연한 적이 있다. 실생활에 적용된 미술과 디자인을 다루는 인포테인먼트 쇼(Infortainment Show)다. 화제의 사람과 작업을 소개하고 멋진 공간을 찾아 그곳에서 녹화했다. 작가와 화가, 디자이너, 미술평론가로 이루어진 네 명의 고정 패널은 서로 통하는 데가 많아 황금의 조합이라 할 만했다. 시청자들의 반응도 좋았다. 다른 방송국에서 다루지 않은 신선한 내용을 갖추었으니까. 하지만 시청률은 시원치 않아 10회 분량으로 막을 내렸다. 재미있는 프로그램이었는데, 아쉬웠다. 앞으로 우리나라에서 이런 프로그램은 다시 만들어지지 않을 듯하다.

　미술은 미술관 밖으로 나오고, 디자인은 생활에 접목되어 실감을 주는 게 추세다. 아름다움에 접근하는 관심이 공간을 축으로 펼쳐지는 분위기와 밀접한 관계가 있다. 이런 맥락에서 멋진 건축이 관심을 끌고 새로운 개념으로 만들어진 공간에 사람이 몰리는 이유를 방송에서 들려줬다. 사물의 형태를 다루는 디자인이 생활을 얼마나 풍요롭게 만드는지도 보여 줬다. 별 생각 없이 지나쳤던 카페의 의자와 테이블 집기의 역할을 돌아보게 했다. 삶을 담는 그릇과 같은 공간이 사람의 마음을 움직이는 이유도 설명했다. 안정되고 깔끔한 장소에서 위안과 즐거움은 커지게 마련이니까. 삶과 유리된 아름다움과 디자인은 시대의 덕목이 아님을 강조했다. 프로그램이 계속 이어졌더라도 메시지는 변하지 않았을 것이다.

갓 문을 연 '현대카드 라이브러리'도 이때 찾았다. 도서관을 콘셉트로 한 이색 공간은 눈에 확 뜨일 만큼 멋졌다. 평소 알던 도서관과 다른 느낌이었다. 고정관념이 싹 무너지는 듯한 변화에 당황했다. 세련된 디자인 감각으로 만들어진 실내는 선망하던 부호의 집이나 카페를 연상시켰다. 비로소 우리도 생활공간이 얼마나 아름다워질 수 있는지 고민하고 있음을 알았다. 독자적 콘셉트로 무장한 새로운 장소의 유행을 여기서 직감했다.

평소 학생들로 점령된 듯한 우리나라 도서관의 분위기에 불만이 많았다. 마치 수험생들의 공부방 같은 인상을 풍기던 도서관엔 가고 싶지 않았다. 도서관은 책을 매개로 지식과 정보, 사람이 만나는 마당 역할을 해야 한다. 관공서풍의 딱딱한 분위기 속에 열람실의 조악한 테이블과 의자를 보자면 오래 머무를 마음이 사라진다. 도서관은 건물의 외형보다 머무르는 내부가 더 아름다울 필요가 있다. 우리의 공공 도서관은 하나같이 똑같다. 우리의 기대와 의식에 미치지 못하는 미감으로 완결된 시설 수준에 그 원인이 있다.

세상의 도서관이 전부 이런 줄 알았다. 아니었다. 유럽의 도서관을 돌아본 충격이 쉽게 가시지 않는다. 책으로 가득 찬 공간의 아름다움이 얼마나 대단한지 알았다. 도서관은 내부가 더 화려했다. 이를 이용하는 시민들의 활기찬 표정에서 도서관이 행복에 기여한다는 느낌을 받았다. 한 사람 한 사람을 배려하는 듯한 폭신한 의자는 책 읽는 재미를 더해 줬다. 차분한 조명이 비추는 책은 예술품처럼 빛났다. 책과 함께 있는 동안은 모든 것이 지적으로 보이고 세련되게 느껴졌다. 문화 광장이나 놀이터의 흥겨움을 담은 도서관은 시민들의 자부심이기도 했다.

일본의 츠타야 서점에선 지적 자산의 상징인 책이 실생활과 얼마나 긴밀하게 연결될 수 있는지 보았다. 책이 있는 공간에는 모든 관심과 상품이 모일 수 있음도 알았다. 책이 있다는 이유만으로 공간의 오라(aura)가 특별하게 바뀌는 체험도 했다. 개인의 취향과 안목으로 채워 나간 서점의 모든 것은 시대를 앞서가는 세련된 선택을 보여 준다. 츠타야 서점은 공간을 아름답게 만드는 최고의 장식품이 책이란 걸 증명해 보였다.

책만 읽기엔 너무 아까운 도서관

진심으로 멋진 도서관이 국내에도 많이 생겼으면 좋겠다는 생각을 했다. 규모가 아니라 내실이 중요하다. 공공 도서관이 하지 못했던 기능의 분화와 멋진 공간으로 완성되어야 함은 물론이다. 선별된 책의 전문성과 인테리어가 겉돌지 않는 새로운 모습을 보고 싶었다. 시대가 원하는 특별한 체험의 장소가 도서관이길 바랐다. '현대카드 라이브러리'가 이를 보여 주었다. 완성도는 기대보다 높았다. 세상의 좋은 것을 다 보았던 한 개인의 경험을 밑힘으로 삼았다. 이런 일은 공공 기관보다 민간이 훨씬 더 잘한다. 의지만 있으면 가능한 일이기 때문이다.

신용카드 업계에서 정태영 대표는 남들이 안 하는 일만 벌이기로 소문났다. 지난 일이지만 '이게 뭐지?' 하는 느낌이 드는 '티타늄(Titanium) 신용카드' 디자인도 처음에 보고 놀랐다. 색깔과 재질의 선택만으로 차별성을 만들어 낸 역량이 대단했다. 아름다움의 본질을 아는 이라면 회사 경영도 디자인을 결합시킬 수 있겠다는 생각을 했다. 그는 허언을 하지 않았다. 예술을 일상에 끌어들여 아름다움을 실감할 수 있게 하는 노력이 디자인 경영이라 했고, 그 결실을 잘 보여 주었다.

현대카드 라이브러리 또한 정태영 대표가 새롭게 펼친 동사(同事) 브랜드다. 5년 전에 시작해 최근에 완성된 '쿠킹 라이브러리(Cooking Library)'까지 4곳의 도서관과 전시장인 스토리지(Storage)로 구성된다. 라이브러리 운영으로 쌓이는 문화 기업의 좋은 이미지는 더 많은 고객을 끌어들이는 수단으로 활용된다. 대가 없이 사업을 벌이는 기업은 없다. 현대카드라고 예외일 리 없다. 하지만 제대로 만들었고, 멋지게 운영한다는 점에서 반감이 들지 않는다.

도서관을 만들게 된 동기가 중요하다. 바쁘고 각박하게 살아가는 도시인들에게 생각할 시간과 여유를 주기 위한 공간이 필요하다는 데에서 출발했다. 사색 대신 검색하는 데 더 많은 시간을 보내는 현대인에게 "생각을 회복하자"고 외치는 제안은 멋졌다. 게다가 잠시 멈추어 있는 것조차 죄책감을 느끼는 속도의 중압감에서 벗어나길 부추겼다. 도서관은 아날로그적 감성의 회복과 도시인의 피로감을 덜어 줄 새로운 라이프 스타일의 제안이었다.

아날로그는 과정의 단축과 시간의 압축이 불가능하다. 도서관이라는 공간은 책을 고르고 읽는 그 과정과 시간을 보내는 곳이다. 몰입의 즐거움을 가장 쉽게 느낄 수 있다. 일상의 반복에 치여 꿈꾸지 못한 여유와 새로운 지식과 정보를 충족시키는 장소가 된다. 책에서 얻은 영감과 선택이 또 다른 상상의 즐거움을 만들어 낸다. 도서관에서 이런 일들을 가능하게 만들어 주면 된다. 생각이 고이도록 자리를 내어 주고 기대를 연결시켜 놓게 하는 것이다. 이제 도서관은 책만 읽으러 가는 곳이 아니다.

거리의 매장은 고객들을 즐거운 놀이로 머물게 하고 새로운 체험을 하게 하는 장소로 바뀌어 가고 있다. 도서관이라고 다를 게 없다. 책을 매개로 필요한 것을 연결시키는 장소로서의 역할이 더 크다. 현대카드 라이브러리는 어딜 가도 멋진 비주얼이 넘친다. 멋진 장소이기 때문에 찾고 싶어진다. 다른 곳에서 볼 수 없는 희귀한 책을 들고 사진 찍으면 그야말로 자신을 드러낼 최고의 기회가 된다. 다른 사람들이 무슨 책을 보는지 궁금해 하고, 타인의 행동을 지켜보는 재미도 쏠쏠하다. 특별한 경험은 특별한 장소에서만 벌어지는 경우가 많다는 것을 대중이 경험하기 시작했다.

현대카드 라이브러리가 들어선 장소도 매우 중요하다. 하나같이 사람들이 주목하고 인파로 북적이는 동네에 자리 잡고 있다. 가회동과 이태원, 신사동과 청담동은 젊은이들이 많이 찾고 또 유행과 개성에 민감한 이들이 선호하는 지역이다. 장소의 특성과 도서관의 테마는 연관성이 깊다. 많은 사람이 기대하는 여행, 특화된 지향의 세계를 보여 주는 디자인, 정서적 이완을 위한 음악, 모두의 관심인 음식을 다루는 이유다.

최근 몇 년 사이에 서울 여러 곳에서 책과 도서관을 테마로 한 상업 공간이 갑자기 늘어났다. 책이 사람을 끌어들이고 다른 분야로 연결시켜 상품 구매로 이어지게 만들기 때문이다. 도서관이 매우 매력적이고 안정적인 플랫폼일 수 있음을 입증한 셈이다. 현대카드 라이브러리는 공간이 사람의 마음마저 바뀌게 한다는 사실을 일찍부터 눈여겨봤던 셈이다.

디자인, 요리, 여행, 음악… 도서관도 고르는 맛이 있다

가회동의 '디자인 라이브러리(Design Library)'는 갤러리로 쓰이던 한옥을 개조해 만들었다. 처음 이곳에 들렀을 때, 디테일이 뛰어난 건축가 최욱의 솜씨를 확인할 수 있어 반가웠다. 북촌의 한옥이 그렇듯 이곳 또한 규모는 크지 않은데, 유리로 시야를 틔우고 중정을 내 정작 안에 들어서면 좁은 느낌이 들지 않는다. 빈 마당에 들어서면 하늘이 보인다. 흰 벽과 유리가 만드는 단순한 선 구획이 어지럽지 않다.

2층으로 올라가는 계단 쪽 벽은 두꺼운 철판으로 장식되어 있다. 쇠의 물성을 그대로 드러낸 질감이 남다르다. 레스토랑의 테이블조차 철판이다. 퇴적층이 포개진 것처럼 두꺼운 철판을 쌓아 면을 드러낸 디테일에 놀랐다. 서까래가 드러난 처마 선은 한옥이 이토록 아름다운 건물이었던가를 새삼 느끼게 한다. 긴장과 조화를 실현한 실내는 예술 관련 책들로 채워졌다. 서가는 단정하고 가지런하다. 집 속에 집이 들어선 듯한 작은 공간에서 아래를 내려다보는 맛도 각별하다. 편한 의자를 독점해 마냥 머무르고 싶은 곳이다.

청담동의 '트래블 라이브러리(Travel Library)'는 일본의 마사미치 카타야마(Masamichi Katayama)가 디자인을 총괄했다. 여행의 설렘을 증폭시키는 공간 구성이 돋보인다. 2층으로 된 도서관은 계단을 중심으로 수직 상승하는 듯하다. 입구에 들어서자마자 보이는 비행기 모형들이 여행의 기대를 높이감으로 연결시킨다. 좁은 통로로 이어지는 세계 지도의 수납공간도 인상적이다. 반복되는 일상에서 벗어나 미지의 여행지로 출발하는 것 같은 상징처럼 느껴진다.

인상적인 것은 공항의 출발과 도착을 알리는 전동 사인 보드다. 차르륵 소리를 내며 전환되는 도시명과 운항 정보는 오감을 자극하는 강렬한 신호가 된다. 사인보드만 쳐다봐도 그리던 도시의 공항에 앉아 있는 듯하다. 공간의 동선은 적당히 휘어져 구부러졌다. 꽂힌 책들은 낯선 도시의 골목처럼 이어진다. 새로운 발견을 하게 하려는 장치 같다. 여행의 영감을 얻고 호기심을 자극하는 정보가 많다. 이제 카페에 앉아 이야기를 나눌 차례다. 말이 통하는 이들과 나누는 대화는 즐거움 그 자체다. 도서관이라고 해서 밖에 나가지 않아도 된다. 도서관 안에서 맛있는 커피와 음식을 먹을 수 있다.

이태원의 '뮤직 라이브러리(Music Library)'는 가장 독특하다. 건물 자체의 특이함이 시선을 끈다. 뻥 뚫린 건물로 시야가 관통되는 시원함을 준다. 답답한 도시의 스카이라인을 지워 버린 빈 여백에 눈을 돌리지 않을 수 없다. 널찍한 공간을 거쳐 실내로 들어오면 색다른 풍경이 펼쳐진다. 라이브러리에 책뿐 아니라 바이닐 레코드(Vinyl Record)가 채워져 있다. LP란 이름으로 더 친숙한 과거의 음반 컬렉션은 당시의 음악과 철학, 디자인과 녹음 기술까지 알 수 있게 구성되어 있다. 음악에서 비롯된 감성의 울림이 온몸으로 퍼지는 체험을 LP 플레이어가 도와준다. 오래된 것이 더 새로울 수 있다는 역설은 이곳에서 사실로 확인된다. 1만여 장의 음반을 통해 펼치는 탐구의 여정은 음악이 얼마나 소중한 인류의 자산인지 저절로 알게 한다. 옆의 매장에선 새로 나오는 바이닐 레코드를 살 수도 있다. 독일의 ECM 레이블을 다룬 전시 같은 음악과 관련된 여러 일들이 자연스럽게 펼쳐지기도 한다.

신사동의 '쿠킹 라이브러리(Cooking Library)'는 음식을 다룬다. 먹지 않고 살 수 있는 사람이 있겠는가. 먹거리를 테마로 삼아 관련 책을 모아둔 이곳에선 세상의 거의 모든 음식 레시피를 만날 수 있다. 쿠킹 클래스에 참여하면 관심 가는 미식의 세계도 알아보고 직접 요리해서 먹어 볼 수도 있다. 음식은 먹지 않고 말할 수 없다. 책에 머무르지 않고 입과 눈이 즐거워지는 입체적 경험은 미각이란 즐거움이 공감각과 밀접함을 알게 해 준다. 음식의 유래와 역사를 알아가는 지적 탐구는 위층의 서가에서, 음식의 호기심은 아래층에서 해결하면 된다. 여기에 머물다 보면 '세상은 모두 먹거리로 연결된다'라는 통찰을 얻게 될지 모른다. 도서관에서 책과 음식이 빚어내는 소리와 냄새로 모든 감각이 활성화되는 즐거움을 느낄 수 있다니! 배고픈 이들은 쿠킹 라이브러리에서 감각과 위장을 함께 채워 보는 것도 재미있겠다.

쿠킹 라이브러리

© 현대카드 라이브러리

© 현대카드 라이브러리

풍월당

세상에서 가장 아름다운
음반 가게

8월의 잘츠부르크는 서울의 날씨와 별반 다르지 않았다. 따가운 햇살을 피해 골목으로 들어서니, 낯익은 가방을 든 여인이 보였다. 손에 들려 있는 가이드북도 내가 아는 사람이 쓴 책이었다. 그녀는 대단한 것을 발견한 듯 게트라이데(Getreide) 거리의 낡은 철제 간판과 책을 번갈아 보았다. 우리에게 여전히 선망과 매혹의 도시로 남아 있는 잘츠부르크다. 서로 눈이 마주쳤다. 한국인임을 알아보았고, 가벼운 목례로 동질감을 전했다.

　　근처의 카페에 들러 야외 테라스에 자리를 잡았다. 맞은편에 앉아 있는 이들도 동양인이었다. 놀라운 장면이 이어졌다. 조금 전에 보았던 익숙한 가방과 책이 테이블 위에 있는 것이 아닌가. 분명 방금 봤던 여인과는 일행이 아닐 텐데, 마치 서로 약속이나 한 듯 같은 가방과 책을 들고 있었다. 우연

보단 개연성이 더 높아 보였다. 두 사람은 옷도 근사했고, 무엇을 보고 싶은지 분명한 태도를 보여 줬다.

천으로 만든 가방은 음반 가게 '풍월당'에서 디자인해 판매한 것이다. 단순하고 평범하게 보이는 사각형 가방엔 풍월당 로고가 찍혀 있다. 명품 가방이 더 어울릴 듯한 그들이 선택한 가방이다. 책은 풍월당의 박종호 대표가 쓴 『잘츠부르크』다. 이 도시의 매력에 빠져 오래 전부터 백 번도 더 드나들었다는 그가 쓴 안내서이니, 믿음이 갈 만도 했다. 그들은 명품의 효과처럼 풍월당이란 브랜드의 차별성을 은연중에 드러내고 싶었던 게 아닐까. "나는 클래식을 좋아하고, 세련된 취향의 선택을 할 줄 아는 사람이거든……"이라고 말하고 싶었을지도 모른다.

풍월당은 행정 구역상 신사동이지만, 동네로는 청담동에 더 가깝다. 청담동은 지나가는 사람들 대부분이 연예인처럼 화려하고 명품숍이 즐비해서, 도도한 욕망의 거리로 불린다. 풍월당의 강좌를 듣기 위해 나도 1년 가까운 기간 동안 이 동네를 드나들어서 그 분위기를 잘 안다. '도도함'이란 단어만큼 청담동과 잘 어울리는 것도 없다. 풍월당이 이곳에 자리 잡은 덕분에 청담동은 화려한 겉모습뿐 아니라 내면의 격조를 더할 수 있게 됐다.

풍월당은 클래식 음악만을 취급한다. 문화란 높은 데서 낮은 데로 흐르게 마련이다. 대중음악이 오래된다고 해서 클래식과 같은 고전이 되는 일은 벌어지지 않는다는 말이기도 하다. 대중 정서에 부합하는 음악과 인간 정신을 구현하는 클래식의 깊이가 똑같이 취급되어선 안 된다는 생각도 깔려 있다. 시대의 조류에 밀려 클래식 음악의 위상과 음반 판매량이 급감하고 있다. 그렇다고 음악의 위대함과 가치까지 줄어드는 것은 아니다. 풍월당의 박종호 대표는 멀어져 가는 클래식을 삶으로 더욱 친근하게 끌어들이는 노력을 누군가 해야 할 일로 여겼다.

고집의 이유를 직접 들어 봤다. "클래식 음반 매장은 비교하자면 사람이 많이 이용하지 않는 기차역과 같아요. 어떤 역은 수천수만 명이 드나들지만 몇 명에서 몇 십 명만 드나드는 역도 있게 마련이지요. 그렇다고 그 역을 폐쇄하면 그곳을 이용하는 사람은 어떻게 하나요? 기차라는 본질은 바뀌지 않아요. 역이 있어야만 사람들이 기차를 계속 이용할 수 있습니다. 풍월당이란 기차역은 이래서 중요합니다."

서양의 클래식 음악이 수백 년 동안 살아남은 이유를 떠올렸다. 인간 영혼을 고양시켜 기쁨과 감동을 주고, 내면의 상처를 치유해 주는 힘 때문이다. 눈은 감으면 보이지 않지만 귀는 막을 방법이 없다. 눈으로 보는 미술보다 소리로 들리는 음악이 인간의 희로애락에 더 깊은 영향을 미칠 수밖에 없다. 여운이 긴 시적(詩的) 문화를 아끼고 보존해야 하는 이유도 여기에 있다고 봤다. 클래식 음악을 통한 아름다움의 공유와 감동의 체험장이 되길 바랐다. 더운 여름에 넉넉한 그늘로 사람을 끌어들이는 나무처럼 음악을 통한 위로의 나무를 자처하게 됐다.

클래식 음악과 친근하게 만나게 해 주는 음반은 이런 생각을 이어 준다. 음반이란 실물이 있어야만 접점을 찾게 되고 관심을 넓혀 갈 수 있다는 판단이다. 마당 역할을 하는 상징적 공간은 이래서 더욱 필요해진다. 4층 건물의 대부분을 차지하는 매장엔 2만여 장의 CD와 DVD, 블루레이 디스크, 요즘 다시 각광받고 있는 바이닐 LP와 음악 관련 서적까지 갖춰놓았다. 음반 매장은 풍월당의 여러 시설 중에서 가장 크다.

유럽도, 미국도, 일본도 아닌 오직 한국에만 있다

여기서 유심히 보아야 할 부분이 있다. 벽을 둘러싼 음반 진열대는 지금까지 봤던 여느 음반 가게와 다를 게 없다. 매장 가운데에 놓인 음반 매대의 진열 방식과 내용이 중요하다. 음반 하나하나마다 친절한 해설 문구가 쓰여 있다. 풍월당 스타일이라 할 만한 필체로 쓴 따뜻한 추천의 이유가 더 눈에 들어온다. 처음 시작할 때부터 해 온 일은 한 번의 변덕도 부리지 않고 지금까지 이어진다. 풍월당에 가면 이상하리만치 음반을 더 사게 되는 이유를 이제야 알겠다. 음반에 붙어 있는 해설을 읽는 즐거움과, 구불구불한 선으로 정겹게 박스 처리된 디자인 때문이었다.

음반을 직접 사 본 이들은 이것저것 찾고 고르는 시간과 발품이 상당하다는 것을 안다. 다리도 아프고 피곤함도 몰려온다. 음반은 내용을 알기 위한 과정과 노력을 더 들여야 한다는 점에서 다른 물건을 살 때와 느낌이 다르다. 지식과 정보만으로 모자랄 때가 많다. 방대한 양의 음반 가운데에서 무엇을 선택해야 할지 모르는 막막함은 누구나 비슷하다. 내용을 알지 못하는 CD란 별 의미가 없다.

풍월당 음반 매장은 전체의 반 정도가 비워져 있다. 입구 쪽 카운터 오른쪽은 음반 진열대보다 테이블과 의자가 차지하는 부분이 더 넓다. 그동안 풍월당에서 펴낸 책과 이슈가 될 만한 음반이 놓여 있다. 편히 앉아 책을 뒤적이고 음반의 내용을 확인하라는 배려다. 벽 쪽엔 아예 편한 소파와 티테이블까지 놓았다. 소리 좋은 오디오에서 흘러나오는 음악은 당연하다. 앉아 있으면 직원들이 커피까지 갖다 준다. 어쩌다 한 번의 친절이 아니다. 십 년 전에도 그러 했고, 최근에 찾은 풍월당에서도 변함없이 반복되고 있었다. 보이지 않는 기준과 규칙으로 이어지는 당연한 행동을 우리가 특별하게 느끼는 것은, 이런 모습을 흔히 보지 못하기 때문일 게다. 이러한 여백이 이곳을 특별한 인상으로 자리 잡도록 만든다.

음반을 매개로 알게 된 사람들과 관련 아티스트들을 만나게 되는 즐거움도 빼놓을 수 없다. 이곳을 찾은 음악가와 연주가들은 하나같이 음악을 대하는 매장의 분위기에 빠져들었다. 방문 기념으로 남긴 사인의 숫자가 쌓여만 간다. 클래식계의 스타들 이름을 확인하는 것만으로 풍월당의 무게가 가늠될 듯싶다. 내가 좋아하는 첼리스트 피터 비스펠베이 (Pieter Wispelwey)의 사인을 찾아냈다. 마치 직접 만나게 된

풍월당에서는 음반 매대의 진열 방식과 내용이 중요하다. 음반 하나하나마다 친절한 해설 문구가 쓰여 있고, 편히 쉴 수 있는 여백의 공간도 많다. 이곳을 찾은 음악가와 연주가들도 음악을 대하는 매장의 분위기에 빠져 사인을 남긴다.

풍월당 음반 매장

것 같은 반가움이 들었다. 음반과 음반을 둘러싼 분위기만으로 이곳이 아름답게 각인되는 듯했다.

얼마 전에 풍월당 음반 매장을 오랫동안 지킨 최성은 실장이 페이스북에 '세상에서 가장 아름다운 음반 가게가 풍월당'이라는 글을 올렸다. 얼핏 봐도 제가 일하는 곳의 자랑이 분명한데, 많은 이들이 호응했다. "맞다!"는 공감과 확인의 동조는 순간 300여 개의 댓글로 확인됐다. 세상 곳곳을 돌아본 이들의 추인이 인상적이었다. 전 세계 어디에도 풍월당과 같은 음반 가게는 보지 못했다는 사실이 일치했다. 유럽에도 미국에도 심지어 오래된 가게의 전통을 중요시하는 도쿄에도 이런 데가 없다. 요즘의 음반 매장은 대형 서점의 일부를 차지하며, 일반 상품처럼 취급하는 추세다. 비교될 만한 음반 가게가 모두 사라진 지금, 최 실장의 "가장 아름다운"이란 수사는 틀린 것이 아니다.

진정 좋은 것은 변하지 않는다는 믿음

풍월당은 2003년에 음반 가게로 문을 열었다. 당시 경영난으로 전국의 음반 판매점 3000여 곳 정도가 문을 닫았다. 이때 풍월당은 거꾸로 음반 가게를 차렸으니, 아마도 주인장은 현실 감각이 없거나 음악을 향한 지독한 애정으로 다른 것이 아예 보이지 않았나 싶다. 예상은 빗나가지 않았다. 정신과 전문의가 멀쩡하게 운영되고 있는 병원을 닫고 선택한 업종이었으니까.

2006년에 지금의 자리로 옮겼다. 많은 사람의 우려와 달리 지금까지 이어지는 것은 물론이고 규모도 더 커졌고, 직원 수도 늘었다. 음반을 사러 온 이들의 지적 욕구를 해소해 주기 위해 개설한 음악 강좌도 더 발전하여 지금은 '풍월당 아카데미'가 되었다. 알게 된 내용을 직접 확인하기 위한 오페라 여행 상품도 개발했다. 음악에서 비롯된 지적 호기심을 실체에 다가서게 하는 순환의 과정이 모두 갖추어지게 된다. 게다가 출판까지 하는 회사로 성장했다. 클래식 음악이란 콘텐츠 하나만으로 모두가 부러워하는 감성의 플랫폼을 만들어 냈다. 출발 당시에 사람들이 수군거렸던 말이 생각난다. "음악을 전공하지 않은 의사가 알면 얼마나 알겠어, 얼마나 버티는 지 한 번 보자고……."

진정 좋은 것은 변하지 않는다는 믿음은 행동으로 결실을 맺었다. 음악을 좋아하는 진심만으로 지속한 시간은 사회적 인정으로 이어졌다. 요즘엔 콘텐츠 제휴를 전제로 합작하자는 제안도 들어오고, 대기업이 건물까지 내주겠노라며 나서기도 한다. 그래서 한때 빌딩 두 층을 임대하는 비용으로 제 건물을 지어 독립할 생각을 하기도 했다.

그러나 주인장은 유혹에 흔들리지 않았고, 규모를 키워 독립할 생각도 버렸다. 언제 찾아가도 그 자리에 있는 기억의 랜드마크로 남기로 한 것이다. 처음 출발했을 때 음악을 통한 감동과 기쁨을 주는 위안의 나무가 되기로 한 각오와 결심을 지키는 일이 더 소중하다는 생각에서다. 게다가 임대

료와 운영비를 충당하기 위해 더 열심히 음반을 팔고 강의해야 하는 매일의 긴장감이 행복일 수 있다는 말도 들려줬다. "풍월당스럽다"는 말이 저절로 튀어 나왔다.

서울에서 유일무이한 비엔나 스타일의 공간

풍월당을 찾은 이들은 평소 보던 서울과 다른 뭔가를 느끼게 된다. 고풍스럽다는 말로 대신할 수 있는 분위기다. 풍월당으로 들어가기 위한 엘리베이터의 문이 열리면 낮은 조도와 색온도의 차분함이 다가온다. 내부 인테리어도 묵직하다. 짙은 갈색의 문틀과 문양, 흔히 쓰지 않는 벽지 색깔인 옅은 올리브색으로 도배되어 있다. 바닥재 또한 대리석이다. 가는 고동색 대리석을 틈틈이 박아 이어지는 짧은 복도의 세련됨도 벽에 붙은 안내판의 액자도 분위기를 다르게 만든다. 통틀어 비엔나(Vienna) 스타일, 더 정확하게 말하면 유겐트 스틸(Jugendstil)풍이라 할 만하다.

예술과 삶이 분리되지 않았던 그리움의 시대를 떠올리자면, 세기말의 비엔나 스타일이 제격이다. 지식인들이 동경했고 닮고 싶었던 당시의 예술가들과 도시의 풍요는 이상(理想)처럼 남았다. 비엔나를 모델로 한 건축과 공간들이 생겨나게 된 이유다. 그 흠모의 흔적은 우리의 기억에 남아 있다. 1990년대까지 명동과 종로2가 근처에는 클래식 음악다방이 있었다. 이제 이런 다방은 서울에 하나도 남아 있지 않다. 낡은 시대의 흔적을 지우는 데 서울만큼 빠른 도시는 없다.

풍월당 내에 있는 '로젠카발리에[카페 이름은 리하르트 슈
트라우스(Richard Strauss, 1864~1949)의 오페라 제목「로젠카발리에
모음곡(Der Rosenkavalier Suite)」에서 따왔다. 로젠카발리에는 우
리말로 '장미의 기사'를 뜻한다]'는 세기말 비엔나의 카페를 그대
로 복원시켜 놓았다. 1900년경의 비엔나 카페가 주는 상징
은 공간의 아름다움 그 이상이다. 예술과 문화가 생겨나고,
과정과 결과가 이어지고 확인되는 장(場)의 역할 때문이다.
유럽에서 가장 앞서갔던 핫 플레이스는 바로 비엔나의 카페
라 할 만했다. 여기서 화가 클림트(Gustav Klimt, 1862~1918)
와 에곤 실레(Egon Schiele, 1890~1918)가 만났고, 음악가 말
러(Gustav Mahler, 1860~1911)와 쇤베르크(Arnold Schönberg,
1874~1951)가 조우했으며, 화가 오스카 코코슈카(Oskar
Kokoschka, 1886~1980)가 건축가 오토 바그너(Otto Wagner,
1841~1918)를 보았다. 이런 비엔나 카페의 분위기를 그대로
녹여 내기로 했다.

취향과 선호를 실천하기 위한 풍월당의 노력은 남다른
데가 있다. 당시의 비엔나를 재현하기 위한 연구를 인테리어
시공자와 함께했다. 공간 디자인에 어울리는 가구와 집기를
새로 만들었고 칠했다. 유겐트스틸을 실천하기 위한 스테인
드글라스까지 만들어 장식했다. 의자와 테이블은 건축가 요
제프 호프만(Josef Hoffmann, 1870~1956)이 디자인한 유겐트
스틸의 유려한 곡선을 그대로 보여 준다. 바닥엔 비엔나와
똑같은 폭과 길이의 쪽마루를 깔았다. 제일 중요한 것이 공

간의 로고다. 글자와 도형으로 디자인된 비엔나 유겐트스틸
이다. 예술과 삶이 녹아든 1900년경의 비엔나 정신을 도형
화시켰다. 보이지 않는 부분까지 공들인 노력을 알면 이 공
간이 다시 보인다. 전체적으로 묵직한 세련됨이 느껴지는 서
울에서 유일무이한 세기말 비엔나 카페의 모습이다.

　뒤늦게 오스트리아의 원조 비엔나 카페를 가 보게 됐다.
비엔나에 드나들며 오래된 카페인 하벨카(Hawelka)와 자허
(Sacher), 카페 뮤제엄(Museum)에서 습관처럼 시간을 보냈
다. 100년도 넘은 공간은 비엔나 카페의 원형이 무엇인지 보
여 주었다. 풍월당 내 로젠카발리에의 의미를 비로소 알 것
같았다. 풍월당은 비엔나에서 느꼈던 공간의 상징과 힘을 그
대로 옮겨 놓고 싶었던 것이다. 문화는 수용의 끝점에서 외
려 원형을 더욱 고집하는 경향이 있다. 사랑했던 비엔나의
숨결과 공기까지 담아 놓기 위해 새어 나갈 틈부터 막은 그
들의 행동이 수긍되지 않는가.

의자와 테이블은 건축가 요제프 호프만이 디자인한
유겐트스틸의 유려한 곡선을 그대로 보여 준다. 바닥
엔 비엔나와 똑같은 폭과 길이의 쪽마루를 깔았다.

풍월당 카페 로젠카발리에

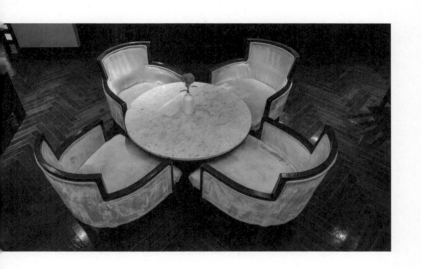

욕심을 비우고
쉼을 채우니 더 좋더라

삶의 스케일은 하는 일에 따라 달라진다. 사업가나 연예계 스타는 전 세계를 누비며 산다. 반면 집에서 일터, 다시 집을 오가는 일상의 반복이 전부인 보통 사람들의 생활 반경과 동선은 짧고 단순하다. 서울에 살면 서울, 전라도와 경상도에 산다면 주거지 인근의 대도시 정도로 한정되게 마련이다. 외국이라고 특별히 다르지 않다. 독일을 드나들면서 알게 된 그들의 생활 방식도 비슷했다. 미국인은 자신이 사는 곳이 세상의 중심이라 여긴다. 심지어 사는 지역 밖으로 한 번도 나가 본 적이 없다는 말을 자랑처럼 한다.

나는 아무 때나 어디라도 갈 수 있는 사람이다. 바쁘지 않은 작가이기 때문에 누리는 특권이다. 나름 오지랖 넓게 큰 생활 반경을 펼치며 살고 있다고 생각한다. 하지만 한 번도 가 보지 못한 동네가 수두룩하다. 용무의 관련성과 특별한 볼거리가 없어서다. 그중에 경기도 용인시의 기흥은 정말 낯설다. 그 많은 관계의 연결 고리조차 작동된 적이 없어 스쳐갈 일도 생기지 않았다. 같은 용인시이지만 수지까지는 그럭저럭 안다. 동생네가 살아서 가끔 들르고 근처에서 강연도 몇 번 했다. 영영 가 볼 일이 없을 것만 같았던 기흥구 동백지구에 최근 들어 자주 들르게 됐다. '동춘175'라는 쇼핑몰 때문이다.

옛 건물을 개조해 새로운 쓰임의 공간을 만드는 일은 '도시 재생'이란 말로 더 친숙하다. 동춘175는 건물 이전으로 남게 된 물류 창고를 복합쇼핑몰로 바꾼 도시 재생 프로젝트의 결과물이다. 동춘175, 예스러운 이름에서 뭔가 사연이 있음을 직감했다. 내 세대에게 동춘은 낯설지 않다. 한때 유명했던 서커스단 이름이었고, '희망의 봄[同春]'이란 상징이 담긴 단어 아니던가. 동춘175는 부산에서 창업된 선대의 동춘상회와 현 장소의 지번인 175를 딴 합성어다. 아버지의 사업을 이어받은 딸이 현재의 회사를 일군 역사성과 이야기를 상호에 녹여 낸 것이다. 새롭게 출발하는 세련된 쇼핑몰에 일부러 동춘이란 촌스러운 이름을 붙인 의도가 읽힌다.

2018년 겨울, 이곳을 처음 찾았을 때의 당혹스러움이 떠오른다. 동네엔 사람이 보이지 않았다. 공장 건물과 물류 창고가 드문드문 들어선 산 중턱에 쇼핑몰을 만든 까닭이다. 길이 좁아 진입로를 찾기도 어려웠다. 내비게이션의 안내에도 불구하고 지나쳤다. 먼 거리를 돌아 겨우 주차장에 들어설 수 있었다. 사람들이 많이 찾는 명소로 떠오른 지금은 눈에 잘 띄는 안내판을 붙여 놓았다고 들었다. 가 보지 않아도 이곳의 분위기가 대충 떠오를 게다. 상식으로 보자면 이런 장소에 쇼핑몰을 세운다는 건 미친 짓이다.

접근성 문제를 뒤집을 만한 생각과 내용이 있는 게 분명했다. 뭔가 믿는 구석이 있을 것이다. 인디언이란 상표로 유명한 의류 제조회사 세정을 물려받은 새 세대 경영인이 무모한 시도를 할 리 없다. 일을 벌였던 선대 창업자 어른은 앞만 보고 갔겠지만, 수습하는 자손은 옆도 돌아보고 뒤도 챙기는 영민함을 발휘했을 것이라 믿는다. 상식을 벗어난 불리한 조건이 외려 특징적 요소로 부각되는 반전의 장치들이 궁금해졌다. 발상의 전환을 확신으로 이어가기 위한 꼼꼼한 대비와 디테일을 찾아봐야 한다. 동춘175가 점점 호기심으로 다가왔다. 매의 눈으로 하나하나 파헤쳐 보기로 작정했다. 건물 곳곳을 돌아보고 몇 번을 다시 찾았다.

이야기가 얄밉도록 치밀하게 펼쳐지는 곳
쇼핑몰의 규모는 생각보다 크지 않다. 중간 규모의 물류 창고를 활용한 것이니 없던 공간이 생겨날 리 없다. 옛 건물의 전면을 새롭게 단장한 듯했다. 계단을 그대로 드러내 밖에서 안이 들여다보인다. 계단의 사선은 위로 솟구치는 느낌이다. 회사의 성장을 상승의 이미지로 드러내는 주술적 효과도 기대했을지 모른다. 건물의 구조를 디자인 요소로 바꾸어 새

공간의 특징을 강하게 부각시키고 있다. 위쪽엔 요즘 유행하는 한글 타이포그래피로 디자인한 '동춘175'라는 간판이 달려 있다.

기존 건물을 개조해 새로운 공간을 만들어 내는 일은 쉽지 않다. 바꿀 수 없는 건물 구조의 제약을 창의적 아이디어로 극복해야 하기 때문이다. 공간의 해석과 실천 사이의 간극은 건축가의 설득과 건물주의 이해의 격차만큼 벌어져 있기 십상이다. 장소와 사람의 관계, 건물의 용도와 아름다움을 양립시켜야 하는 건축가의 고민은 만만치 않다. 밋밋한 창고 건물을 주장이 담긴 개성적 공간으로 탈바꿈시킨 이는 매니페스토 디자인의 안지용 건축가다.

건물 내부로 들어서면 가장 먼저 깔끔하고 단정하다는 인상을 받는다. 공간 전체를 목재의 색깔과 질감이 그대로 채우고 있어, 아늑하고 부드러운 온기가 느껴진다. 엘리베이터 앞에 있는 로비는 마치 쇼룸처럼 회사의 역사와 전문성을 드러내고 있는데, 온통 사각 형태의 사물로 채워진 비례와 균형의 설치 작업 같다.

장식장의 격자는 성의 없이 반복되는 단순 패턴이 아니라 기하학적 추상화처럼 가로, 세로, 높이를 계산한 비례의 아름다움이 실현되었다. 맞은편 대향면의 장식장도 똑같은 반복이 없다. 바닥에 놓인 직육면체 원목 의자는 나이테로 회사의 나이를 증언해 준다. 사각의 형태를 천장으로 이은 듯한 조명도 인상적이다. 연결시킨 파이프가 만드는 사각의 조형은 부피를 지닌 입체 같다. 이런 공간을 데사우(Dessau) 바우하우스에서 봤다. 시대의 혁신가 그로피우스(Walter Gropious, 1883~1969)가 설계한 건물의 강당에 있다.

간접 조명으로 비춰지는 벽장 속의 사물들은 섬유와 봉제로 이어 온 회사의 이력을 드러낸다. 면사와 비단, 양모가 섬유로 바뀌고 옷을 짓는 과정이 한눈에 들어오게 했다. 한 우물만을 파 온 의류 회사의 정성과 고집이 저절로 공감된다. 오랫동안 옷을 만들어 온 전통이 품질의 믿음으로 이어지는 효과다. 의도를 담은 시각적 장치의 연결 고리들은 얄미울 만큼 치밀하게 이야기를 풀어 낸다. 딴 곳으로 눈길을 돌리지 못하고 집중해서 내용을 들여다보게 된다. 세련된 공간은 사람의 마음을 움직이는 게 맞다.

바로 이어지는 쇼핑몰은 탁 트인 시야로 시원하다. 기둥이 없는 철골 구조의 건물은 단층으로 높은 층고를 확보했다. 시야를 막는 장애물이 하나도 없다. 물건을 진열한 매대의 면적과 부피도 크지 않다. 물건을 꽉 채우고 화려한 조명으로 시선을 끌었던 기존 쇼핑몰을 생각해 보면 이곳의 실내는 텅 빈 듯하다. 벽이 없어 휑하기까지 해서 뭔가 이상하다는 느낌이 저절로 든다. 그동안 과잉의 시대를 살아온 우리에게 비어 있는 공간은 마치 거울처럼 현재를 비춰 준다.

밖에서 본 건물의 크기가 실내에 들어서면 더 크게 느껴진다. 우리 눈이 사물을 보는 특성 때문이다. 공간의 긴 쪽으로 소실점이 생기게 마련이다. 그 방향에 시야를 가득 메울 정도의 사물이 들어오면 크기가 극대화되는 것처럼 보인다. 대략 10미터 이상의 폭을 지닌 실내라면 비슷한 효과를 느낄 수 있다. 층고가 높고 폭이 긴 공간도 마찬가지다. 최근 유행처럼 번지는 공간 디자인은 이런 점을 적극적으로 끌어들인다. 우리의 시·지각적 특성을 잘 파악해 만들어진 공간이 돋보이는 이유다. 동춘175는 크지 않은 건물을 일부러 비워 놓아 크게 보이게 하는 데 성공했다. 결국 공간의 느낌은 눈으로 파악되는 것이다. 인간의 심리적 요소를 잘 활용하는 건축가들은 공간에 마술을 부릴 줄 안다.

상업 공간을 상업화시키지 않는 과감한 역발상

깔끔한 매장 디자인은 이곳의 분위기를 끌어올리는 주역이다. 나무색을 그대로 살린 적층합판으로 만든 상품 진열대는 통일성을 갖추어 단정하다. 기성 제품이 아닌 특주된 테이블로 다리의 굵기와 길이까지 조화의 비례로 만들어져 있다. '어! 지금까지 보았던 백화점이나 상가 매장과 전혀 다르네'라는 느낌을 받았다면 상품 진열대 디자인과 나무색을 강조한 색채의 통일성이 큰 역할을 한 것이다. 상품 특성에 따라 매대와 진열 방식도 다르다. 방의 형태가 있는가 하면 간이주점 같은 매장도 있고, 좌판처럼 바닥에 펼쳐 놓기도 한다. 다채로운 시선과 방법으로 원하는 물건에 다가서고 만져볼 수 있게 했다. 천장에서부터 길게 늘어뜨린 현수막의 디자인도 깔끔하다. 공간 전체의 유기적 통일성과 아름다움을 더하기 위한 장치다. 가격표와 상품 설명문, 자잘한 소품 하나까지 신경 쓴 흔적이 역력했다. 이들이 모여 풍기는 세련된 느낌은 물건을 고르고 사는 일을 매우 특별한 체험으로 바꾸어 놓는다.

매장의 끝부분은 재미있게도 계단식 스탠드로 꾸며 놓았다. 쇼핑하다 다리가 아프고 지치면 쉬라는 배려의 시설이다. 양옆엔 책꽂이가 있다. 장식물이 아니다. 마음에 드는 책을 꺼내 읽으면 된다. 넉넉한 공간에 편하게 등을 기대고 앉아 있어도 뭐랄 사람은 없다.

2층은 양쪽 벽면을 테라스 구조로 만들어 공간을 확보했다. 올라서면 커다란 의류 제조 기계가 놓여 있다. 한때 많은 직공(織工)이 앉아 일했을 장비다. 실타래가 빼곡하다. 직접 손대지 못하도록 유리로 씌워 놓았다. 옛 시절의 분위기만 느껴 보는 거다. 그 대신 없던 선반을 달아 기다란 테이블로 재탄생시켰다. 회전의자에 앉아 기계가 풍기는 눈맛을 즐겨 볼 일이다.

편한 의자와 테이블은 곳곳에 놓여 있다. 물건을 팔아야 하는 쇼핑몰이 비워져 넉넉하고, 편하게 쉴 장소도 넘친다. 이상한 일이다. 이곳은 매출에 신경을 써야 하는 상업 시설이 아니던가. 동춘175를 규정한 문구에 모든 단서가 담겨 있는 듯하다. "비어 있는 곳에 '쉼'을 채워 새로운 쓰임으로 만들고 싶다." 비우고 쉬게 해 여유의 상태를 체험하게 하라는 말이다. 상업 공간을 상업화시키지 않는 역발상은 멋졌다. 여유 있는 회사의 넉넉함이 이렇게 실천된다는 건 놀랍다.

동춘175 내부

타인의 쇼핑을 관람하면서 여유를 즐기다

아무것도 하지 않고 가만히 있거나 긴장을 풀고 멍 때리는 시간이 쉼이다. 너무 바쁘게 살아온 도시인, 아니 한국인은 지금까지 제대로 쉬어 본 적이 없다. 쉬라고 해도 어떻게 쉬어야 하는지 모르기 때문에 쉴 수가 없다. 집에서도 쉬지 못한다. 집은 생활의 반복으로 어지럽기 때문이다. 이완의 편안함을 느낄 수 없다면 쉬는 게 아니다. 동춘175는 이 점을 주목했다. 일상의 관성을 멈추고 일부러라도 비우고 쉬는 여유와 방법을 찾아보자는 것이다.

지금까지의 휴식은 시간의 여유만을 떠올렸다. 하지만 몸을 뉘일 장소가 더 중요하다. 여유란 몸이 편안해야 받게 되는 선물 같은 것이다. 푹신하고 편안한 의자의 위안을 먼저 느끼는 게 순서일지 모른다. 동춘175에 놓여 있는 의자는 같은 모양이 거의 없다. 장소에 어울리는 아름답고 편한 의자의 효능이 더 중요하기 때문이다. 편한 의자가 놓이기 위해선 공간 확보가 우선이다. 우리가 많이 사는 아파트의 거실엔 약속이나 한듯 비슷한 소파가 놓여 있다. 하지만 주위의 시선이 차단된, 자기만의 편한 의자를 들여놓을 공간은 없다. 큰 평수의 아파트라 해도 사정은 다르지 않다. 쉴 곳이 없는 우리의 자화상이다.

동춘175는 공간의 여유가 전제되는 쉼을 여기에서 즐기라고 제안하는 듯하다. 바로 옆에선 맛있는 커피가 내려지고 구수한 빵이 구워진다. 여러 음식을 선택할 수 있는 레스토랑은 기본이다. 관계의 부담 없이 편하게 마시고 먹고 쉬다 보면, 물건도 사고 싶어진다. 오랜만에 보내는 여유가 마음대로 앉을 수 있고, 눈 감고 잠들어도 좋은 편한 의자에서 비롯된다는 점이 중요하다.

난간에 이어진 좁고 긴 테이블에는 수십 명이 동시에 앉을 수 있다. 개별 콘센트가 달려 있어 노트북이나 스마트폰을 충전하며 일해도 된다. 난간 테이블의 진짜 용도는 어쩌면 하릴없이 아래를 내려다보는 것일지 모른다. 이곳은 축구나 야구장 주위를 둘러싼 관중석 스탠드와 같은 기능을 한다. 우리가 스포츠에 열광하는 이유는 자신이 운동을 잘해서가 아니다. 관전만으로도 욕망이 대리 해소되는 즐거움을 알기 때문이다.

사람 구경하는 것보다 더 재미있는 일은 없다. 사람이 사람을 만나고 물건을 사고파는 모습을 보는 일도 비슷하다. 단지 이들을 보고 있었을 뿐인데 다른 사람의 관심이 내게로 옮아오는 듯하다. 갑자기 내용이 궁금해지고 덩달아 사고 싶은 충동이 인다. 자신의 모습을 직접 볼 수 없는 사람들은 결국 남을 통해 저를 보게 된다. 물건을 고르고 사는 상대가 우리를 재구성해 주는 것이다. 텔레비전이 보여 주는 화면 속의 볼거리에 익숙했던 사람들에게 이런 모습은 이상한 감흥으로 되돌아온다. 새로운 체험의 수용이다. 그동안 우리는 너무 바빴고 좁은 곳에 갇혀 살았다. 쉬어 보니 좋고, 비우니 외려 넉넉하다는 걸 현실 공간이 보여 주었다.

매장의 끝 부분은 재미있게도 계단식 스탠드로 꾸며
놓았다. 쇼핑하다 다리가 아프고 지치면 쉬라는 배려
의 시설이다. 양옆엔 책꽂이가 있다. 마음에 드는 책
을 꺼내 읽으면 된다. 편하게 앉아 있어도 뭐랄 사람
은 없다.

동춘175

작품 말고도
볼 것이 많은

예술 공간

○

국립현대미술관 서울관

담장 없는 미술관이
도심을 포근히 감싸네

서울을 처음 찾은 프랑스 친구들이 시청 앞쯤을 지날 때였다. 세종로 북쪽 광화문 뒤에 우뚝 솟은 북악산을 보고 놀랐다. 도심 한가운데에 이토록 높고 멋진 위용을 지닌 산이 있다는 게 믿어지지 않는 듯했다. 유럽의 큰 도시들은 평지에 자리 잡고 있으니 그럴 만하다. 그리고 한 번 더 놀랐다. 서울을 대표하는 콘서트홀과 미술관이 도심에서 한 시간 가까이 더 가야 하는 외곽 산 속에 있다는 걸 알고서다. 산이 많은 우리의 지형과 대표 문화 시설의 입지가 도심에서 멀리 떨어지게 된 특수 상황을 설명해 줬다. 하지만 그들은 일상에 파고들지 못하는 예술이 무슨 소용이겠느냐는 눈치였다. 이런 사실에 별 불편을 느끼지 못하는 서울 시민들이 이해되지 않는다고도 했다. 들키고 싶지 않은 비밀이 들통난 듯 머쓱해졌다.

사실 유럽의 도시를 찾을 때마다 크고 멋진 미술관과 콘서트홀이 하나같이 도심에 몰려 있는 점이 부러웠다. 걸어서 몇 곳을 돌아볼 만큼 몰려 있는 곳도 많고, 주변 거리는 상가로 이어지고 카페도 즐비했다. 미술관과 콘서트홀은 사람들을 끌어들이며 활력을 불어넣는 랜드마크 역할을 한다. 그들에게 그림을 보고 음악을 듣는 일은 손 내밀면 닿고 숨 쉬듯 자연스럽게 이어지는 일상의 놀이 같았다. 그 안에서 세계의 문화계 스타들의 전시와 연주가 펼쳐진다. 반복되는 일상 너머에 있을지 모르는 지고한 삶의 희열이 곁에 있는 실제의 공간에 있다. 그들의 상상력으로 해석된 세상과 아름다운 선율에 귀 기울이는 풍요가 도시 생활의 즐거움이 된다. 예술은 구체적 체험을 통해서만 깊어진다. 미술관과 콘서트홀의 출입 횟수가 곧 예술 애호의 정도를 보여 준다.

　　시민들에게 쉽고 편하게 고품위의 볼거리와 들을 거리를 공급해 주면 예술의 관심과 애호는 저절로 이루어진다. 무엇이 아름다운지 무엇이 좋은 것인지 아는 게 교양이다. 교양을 갖춘 이들은 거칠어질 수가 없다. 기품 있는 사회의 모습은 거침을 벗어난 세련의 단계에서만 드러난다. 한 나라의 문화 수준은 관련 분야의 깊이뿐 아니라 얼마나 친근하게 접근할 수 있느냐에서 더 극명하게 갈린다.

　　서울은 천만 명에 가까운 사람을 품고 있는 거대 도시다. 그러나 도시 규모와 국제적 위상에 걸맞은 본격 미술관과 콘서트홀의 수는 턱없이 적다. 서울의 품격을 높이기 위해서라도 시민들에게 양질의 예술적 체험을 하게 해 줘야 한다. 구체적 방안은 멋진 문화 시설을 늘리는 것이다. 국립·공립·사설을 구분할 필요도 없다. 현대 예술의 중심지로 떠오른 베를린에는 크고 작은 미술관과 갤러리가 1천500곳쯤 있고, 1천 곳에 가까운 콘서트홀에서 매일 음악이 연주된다.

서울의 주인이 누구인가를 안다면 해결하지 못할 일은 없다. 멋진 공간이 만들어 내는 힘을 우리는 너무 모르고 살았다. 가고 싶고 머무르고 싶은 곳이 있어야 내용도 다가오게 마련이다. 체험의 강렬함보다 새로운 것을 받아들일 좋은 방법은 없다. 기대를 넘는 아름다움에 굴복되는 애호가의 층이 두터워지면 예술 시장도 늘어나는 선순환을 기대해도 좋다.

박물관과 미술관은 최근 사정이 조금 나아졌다. 도시 재생 차원으로 공공 건물을 개조하여 여러 곳이 새로 생겼기 때문이다. 옛 대법원 건물은 시립미술관이 되었고, 서울고등학교 대운동장 자리는 서울역사 박물관으로 탈바꿈했다. 세종로의 미국대사관 건물 옆 정부청사는 대한민국역사 박물관이 되었다. 사설 미술관도 여럿 신축되어 아쉬움이 어느 정도 해소된 느낌이다. 다행스러운 일이다.

자신을 낮추어 주변을 돋우는 겸손한 건축물
걷기 좋은 도시가 좋다. 하지만 복잡한 서울 도심에선 걷기가 어렵다. 사람보다 차들이 기세 좋게 설치도록 도시를 설계한 까닭이다. 매연과 소음이 심할뿐더러 미세먼지 경보라도 뜨면 걷기는 더더욱 힘들어진다. 그나마 걷고 싶은 거리와 동네라면, 광화문을 거쳐 경복궁 동십자각에서 이어지는 삼청동 길이다. 길 왼쪽은 궁의 돌담으로 이어지고 오른쪽은 화랑가가 들어서 있어 분위기가 좋다. 오가는 차량과 사람들도 적고, 북촌으로 이어지는 길은 서울의 옛 정취가 그대로 남아 있다. 이곳에 '국립현대미술관 서울관'이 있다.

미술관과 부속 건물은 2013년에 세워졌다. 경복궁이 있는 옛 서울의 중심지이니 도심 중의 도심이라 할 만하다. 전철역에서 조금 멀리 있다는 불만은 바라던 도심의 미술관이 생겼다는 것만으로도 상쇄된다. 게다가 제대로 세웠다. 동네와 건물의 역사성을 살리고 건축적 완성도까지 더해졌으니까. 이곳에서 보내는 동안 눈은 즐겁고, 마음은 넉넉해진다. 누가 불현듯 전화라도 한다면 "아! 지금 삼청동 '국현'에 있거든" 하며 뻐기고 싶을 정도다.

서울관 입구는 경복궁의 동문인 건춘문과 마주보고 있다. 나지막하고 기다란 붉은 벽돌의 건물 가운데에 낸 문은 간결하고 세련됐다. 이 건물의 내력이 만만치 않다. 일제 강점기에 일본군 병원이었고, 박정희 군부 독재 시절엔 국군기무사령부(이하 기무사)로 쓰였다. 100년 넘는 건물의 역사는 질곡의 세월과 아픔을 선명하게 기억하고 있을 것이다.

뒤쪽엔 더 오래된 조선 시대의 건물인 종친부 경근당과 옥첩당이 있다. 왕실과 관련된 업무를 보던 기관이었다. 비

공개 구역에 자리 잡은 터라 이곳에 이토록 큰 전통 건축물이 있다는 걸 모르는 사람이 많다. 시간의 중첩으로 풍부해진 기억과 옛 건물의 동거는 아름답다. 누구라도 과거의 흔적에 새것을 더해 멋진 그림이 될 것이란 생각을 하게 된다.

정부는 기무사를 이전하면서 이곳을 '국립현대미술관 서울관'으로 조성했다. 독재 권력의 앞잡이 노릇을 하던 기무사가 있었던 까닭에 생긴 이 공간의 부정적 이미지를 지울 좋은 방안이라 여겼던 것이다. 치욕의 역사라도 함부로 버려선 안 된다. 건물은 남겨졌고, 조선 시대부터 이어진 땅의 기억은 여전히 다채롭고 풍부하다. 과거와 현재를 잇는 조화의 기술은 중요하다. 한 공간에 축적된 이야기 자체가 보존되어야 할 핵심 내용일지 모른다.

장소의 의미와 해석은 사람마다 다를 수 있다. 여론을 수렴했고, 더 좋은 방안을 떠올리기 위한 우여곡절을 겪었다. 서울관 설계는 공모 방식으로 결정했고, 젊은 건축가 민현준의 작품이 당선되었다. 바깥 사정에 밝은 건축가는 해외의 유명 미술관을 수시로 보며 공부하고, 여기에 한국적 상황과 이 장소가 갖는 의미의 극대화를 실현하기 위해 고군분투했을 것이다.

공간의 뒤편엔 조선 시대, 앞쪽엔 근대 건물이 그대로 남겨진 미술관을 짓기로 했다. 새 건물이 과거의 흔적을 짓누르지 않고 주변의 경관까지 품어야 성공이다. 비워야 채워지는 비움의 실천이 절실했다. 스스로를 낮추어 상대를 높이

붉은 벽돌의 옛 기무사 건물

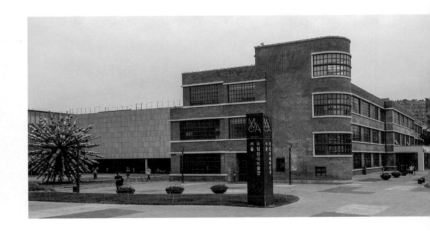

는 방법이 효과적이다. 미술관의 입구는 3층 높이의 옛 건물보다 높지 않고 고건축의 아름다움을 가리지 않는 납작한 형태로 가닥을 잡는다.

미술관의 앞쪽엔 경복궁이 있다. 왕궁보다 높은 건물은 있을 수 없다. 예전의 기준이기도 하지만 시대가 바뀐 지금도 주변과의 조화를 위한 고도 제한은 여전히 필요하다. 높이 제한 건물에 필요한 공간을 확보하기 위한 선택은 하나다. 미술관은 넓고 납작하며 땅속으로 들어가야 한다. 바깥에서 보면 높이감이 도드라지지 않는 긴 건물로 보이는 이유다. 미술관 어디서 보더라도 다른 공간을 짓누르는 오만함이 느껴지지 않아 좋다. 자신의 존재감마저 지워 주변을 돋보이게 하는 이토록 겸손한 건축물은 찾기 드물다. 이 공간 안에서 편안함이 느껴진다면 바로 이 부분의 공감이 이루어진 때문이다.

동네 안에 미술관이 있고, 미술관 안에 동네가 있다

처음엔 그저 그런 공공 건축물로 여겼다. 자주 찾다 보니 이곳의 매력이 점점 더 다가오기 시작했다. 가운데 광장을 중심으로 건물이 ㅁ자로 에워싼다. 비워진 마당에 서면 야트막한 담장처럼 느껴지는 건물과 그 너머 풍경이 색다르게 보인다. 서울에서 살면서 고층 건물의 높이와 간격에 치여 답답했던 시야가 한번에 터지는 듯하다. 비로소 비워진 공간의 넉넉함이 시선의 여유로 작용된다는 걸 알았다.

시선을 돌릴 때마다 색다른 모습들이 다가온다. 야트막한 유리 건물 너머로 옛 건물의 용마루가 얼핏 보이고, 유리와 철근으로 만들어진 모더니즘 건축의 직선도 보인다. 한쪽 건물은 돌담과 이어진 벽면으로 구성의 아름다움을 실천했다. 서쪽으로 시선을 돌리면 경복궁 담장 너머로 인왕산이 펼쳐진다. 서 있는 위치에 따라 각기 다른 풍경의 다채로움이 들어오는 것만으로도 미술관 광장에 머무를 이유가 많아진다.

이곳에선 걷고 싶어진다. 시야의 저편에 감추어진 무엇인가가 궁금해지는 까닭이다. 건물의 끝은 다른 건물로 이어지는 통로의 입구가 된다. 길게 이어진 담벽은 시선과 동선을 유도하는 효과적 장치다. 저절로 발길이 옮겨져 맺히는 소실점엔 골기와를 얹은 경근당이 자리 잡고 있다. 찾고 있던 대상이 쓰윽 나타나는 듯하다. 빨리 보고 싶어 걸음을 재촉한다. 통로를 벗어난 지점엔 잔디가 깔린 흙길이 이어진다. 발밑의 감촉만으로 과거로 돌아간 듯하다. 잠깐 걸었을 뿐인데, 현실에서 꿈으로 순간 이동하는 느낌이다. 노래 가사에 나오는 옛 동산에 오른 기분이 이럴까. 시선과 감촉의 연상 효과까지 감안한 섬세한 배려에 탄복했다.

미술관엔 담장이 없다. 차를 타고 주차장으로 직행한다면 담장이 없어진 변화를 실감하지 못한다. 동네의 골목과 미술관 마당은 이어져 있고, 저잣거리의 카페와 예쁜 가게들 사이로 사람들이 오간다. 갑자기 터진 시야 저편에 미술관이

펼쳐진다. 저절로 가고 싶게 만드는 장치다. 옆 골목과 이어지는 계단은 축대 사이에 나 있고, 내려가면 건물 속에 숨겨져 있는 칼국숫집 간판이 보인다.

동네 안에 미술관이 있는 것인지 미술관 안에 동네가 있는 것인지 헷갈린다. 동네 주민과 이곳을 지나던 사람들이 불쑥 미술관 마당으로 들어오는 일이 아무렇지 않게 이루어진다. 어디서 걸어오든 미술관 광장에 모이게 된다. 순간 평소 보지 못하던 눈앞의 풍경이 펼쳐진다. 높은 담을 없앴을 뿐인데 마법과 같은 변화가 놀랍다. 담장을 없애면 도시의 황량한 풍경조차 온화하게 바뀔 수 있음을 보여 준다. 공공의 공간이 이처럼 따뜻하고 부드럽게 다가오긴 쉽지 않다.

건물 안팎의 유기적 흐름이 만드는 마법

미술관에선 전시만 보는 게 아니다. 멋진 공간을 즐기고 활용되는 곳이다. 세계의 유명 미술관들 또한 이렇게 진화하고 있다. 국립현대미술관 서울관은 정확하게 복합문화 공간을 표방한다. 공간이 중심되어 새로운 기능을 채워 가려 하는 곳이다. 비움을 통해 필요한 용도가 생겨나길 바랐다. 마치 한옥의 비어 있는 마당이 타작하는 작업 공간으로 혹은 결혼식장으로 쓰이는 것처럼 미술관은 하나이면서 여럿으로 분리된 마당의 집합체다. 기능적 영역을 여섯 개로 나누었을 뿐 새로운 용도가 생기면 비워 둔 공간을 활용할 수 있게 했다.

건물 내부도 마찬가지다. 실내의 가운데 부분도 중정으

로 처리해 또 공간을 비워 놓았다. 건물을 지탱하는 기둥도 보이지 않는다. 사방의 벽은 투명 재질을 붙여놓아 빛이 들어온다. 막혀 있는 벽이 장애물로 여겨지지 않고 생명이 살아 움직이는 맨땅 같은 느낌이 든다. 공간의 유기적 연결성이 돋보이는 부분이다. 기둥 너머의 풍경이 들어와 집을 충만하게 채우는 전통 한옥의 넉넉함처럼 비워 두어 외려 필요한 것을 채울 수 있게 설계되었다.

내부는 어딜 봐도 뻥 뚫려 있다. 밖에서 볼 때보다 안이 훨씬 더 크게 느껴지는 마법이 벌어진다. 땅 위로 솟을 부분이 땅밑으로 들어가고 주위가 차단되어 시선의 집중에서 생긴 효과다. 건물의 규모가 주는 압도감 대신 커다란 직육면체 속에서 공간감의 확대를 경험하게 하는 독특한 설계다. 계단과 통로 엘리베이터로 다양하게 연결되는 지하 공간은 높이에 따라 엄청나게 큰 느낌으로 다가온다. 단조로운 사각의 실내가 자칫 지루하게 느껴질 즈음 건물의 빈틈에서 빛이 들어온다. 직선뿐인 콘크리트와 유리로 된 건물의 삭막함을 누그러뜨리는 장치다.

격자의 반복적 패턴이 이어지는 구조는 모더니즘 건축의 특징이기도 하다. 이를 깨는 파격이 공간 본관의 1층에 있다. 가늘게 뚫어 놓은 창문 너머로 옥첨당의 지붕 처마선 전체가 들어온다. 마치 사진 찍기 위해 의도적으로 카메라 파인더를 맞추어 놓은 것 같다. 사각의 현대 건물에 비친 전통 건축물의 모습은 미술관만이 보여 줄 수 있는 개성으로

본관 1층에서 보이는 옥첩당,
로비에서 바라본 중정

빛난다. 이 장소의 역사성을 시각적 효과로 확인시키는 듯하다. 건물 안팎의 유기적 흐름을 읽어 낸다면 또 다른 아름다움이 공감된다는 방증이다.

살아있는 공간이란 이런 것이다. 머무르고 싶고, 들여다보고 싶은 부분이 새록새록 나타난다. 이곳에 들르면 시간이 천천히 흐르는 듯하다. 자리에 앉아 창밖의 풍경을 바라보고, 커피를 마시며 여유의 시간을 보내는 재미가 크다. 평소 서울 도심의 건물에서 느끼지 못했던 툭 터진 풍경이 만들어 준 신선함이다. 이래서 건축은 처음 지을 때부터 잘 지어야 하는 것이다.

○

롯
데

콘
서
트
홀

좋은 공간은 사람의 마음을
음악처럼 뒤흔드는 힘이 있다

올림픽 대로를 지나다 보면 롯데월드타워가 보인다. 123층 555미터로, 국내 최고이자 세계에서 다섯 번째로 높은 건물이다. 100층 넘는 고층 빌딩은 뉴욕이나 시카고에만 있는 줄 아는 나 같은 세대도 있다. 이제 시대는 바뀌었다. 높이 기록을 갈아 치우며 새로 생긴 100층 이상의 빌딩들이 아시아의 도시에 몰려 있다. 서울도 그 영예의 한자리를 차지했다. 이런 기록이 무슨 의미가 있을까만, 고도화되는 서울의 선택을 보게 된 일로 받아들일 수도 있다. 누군가에게는 거대한 고층 건물을 보게 된 경탄과 이를 만든 인간 역량에 경의를 보이는 게 더 중요할지 모른다.

이 건물의 연면적은 축구장 115개를 합친 것과 같다. 건물 안에는 전망대에서부터 호텔, 컨벤션, 주거 시설, 사무실, 상가, 식당가, 놀이 시설, 극장과 콘서트홀까지 다양하게 갖추어져 있다. 지하철로 연결된 기본 교통망도 편리하다. 웬만한 일은 건물 안에서 다 해결할 수 있는, 독립된 작은 도시이기도 하다. 타워 안을 둘러봤다. 귀가 멍해질 만큼 빠른 엘리베이터가 인상적이었다. 고만고만한 높이의 건물의 일반용과 초고층용 고속 기종의 차이다. 세상의 모든 것은 역시 비교의 관점에서 더욱 명확해진다.

나하곤 영영 상관없을 것 같은 고급 아파트도 들어가 봤다. 창문 너머의 전망이 놀라웠다. 한강을 중심으로 펼쳐지는 밀집된 도시의 남북이 눈에 가득 찬다. 초고층 빌딩은 거대한 풍경조차 압축해 보여 준다는 매력이 있다. 서울은 산이 둘러싸고, 그 가운데를 커다란 강이 관통해 흐른다. 세계 어느 도시도 가지지 못한 천혜의 자연 조건이다.

의외로 우리는 서울의 아름다움을 실감하지 못한다. 매일 보는 일상의 풍경에 무덤덤해져서이기도 하고, 제대로 본 적이 없어서 모르는 탓이기도 하다. 나 또한 서울에만 있을 땐 몰랐다. 세계 여러 도시를 돌아보니 비로소 서울의 풍경이 얼마나 환상적인지 알겠다. 인왕산과 북한산에서 내려다보면 서울은 도시의 중첩된 모습을 펼쳐낸다. 반면 남한산성에서 바라보면 수평에 깊이감을 더한 서울 풍경이 나타난다. 이는 직접 산에 올라야만 보이는 풍경들이다. 또한 최근 서울에 들어선 여러 고층 빌딩에서 서울을 내려다보면, 각도에 따라 달라지는 풍경을 만날 수 있다.

롯데월드타워는 서울 동쪽의 잠실에 자리한다. 이곳 전

망대의 높이는 남산보다 2배 더 높은 500미터를 넘겼다. 조망을 가로막는 장애물도 없다. 적당한 간격으로 이어진 한강의 다리들과 어울린 직선의 건물들이 한눈에 들어온다. 조망의 시선은 밀집된 도시의 위치와 거리를 쉽게 파악시킨다. 전체 지도가 눈으로 파악되는 듯하다.

초고층 건물은 위로 올라갈수록 특별한 사람들의 차지가 된다. 조망의 가치가 달라지기 때문이다. 높이 100미터와 500미터는 천양지차의 풍경을 만든다. 높이 오를수록 더 멀리 보이고, 세상을 쉽고 빨리 파악하는 법이다. 인간이 더 높이 오르고 싶은 이유는 세상을 굽어보고 싶은 욕망 때문이다. 조망의 시선은 먼저 보고 멀리 볼 수 있기 때문에 두려움을 희석시킨다. 위험에 닥쳐도 먼저 피할 수 있다. 수비의 기회도 빨리 갖추게 되는 셈이다. 인간은 본능적으로 조망과 피신의 공간을 선호한다. 원시 시대의 습속은 여전히 남아 우리를 조정하고 있다. 현실에선 초고층 빌딩이 이런 조건을 충족시킨다. 더 멀리 볼 수 있으며, 빠른 엘리베이터가 안전한 피신을 보장하기 때문이다.

세상을 굽어보며 사는 이들의 쾌감은 겪어 보지 않으면 모른다. 창문 밑으로 깔린 구름 위를 걷는 기분 같은 것 말이다. 현실의 고단함은 떨쳐 낼수록 좋다. 적당한 차단과 격리가 필요한 이들에게 건물의 높이는 중요한 역할을 한다. 구름 위에서 사는 이들에겐 복잡한 현실의 풍경이 가려질수록 좋다. 대신 눈앞에 보이는 하늘만으로 충분하다. 세상과 격리된 자발적 고립은 초고층 빌딩에선 저절로 이루어진다. 높은 장소에선 모든 것이 특별한 느낌으로 바뀐다. 서울에서 가장 비싼 아파트가 이 건물 안에 있는 것은 당연한 일이다. 세상의 부자들은 좋은 것이 무엇인지 정확하게 안다.

초고층을 선택할 수 없는 사람들은 아래층에 머무를 수밖에 없다. 상가와 일반 식당, 놀이와 문화 시설이 몰려 있는 곳은 지하층에서 12층까지다. 조망의 특별함은 포기해야 한다. 대신 일상의 즐거움을 찾는 것으로 위안을 삼으면 된다. 물건을 사고, 놀이 기구를 타고, 운동하고, 영화를 본다. 미술관과 콘서트홀을 찾는 문화적 충족도 괜찮다. 나는 8층에 있는 롯데 콘서트홀을 선택하곤 한다. 멋진 음악을 들을 수 있는 좋은 음향이 여기 있다.

대기업에서 운영하는 미술관과 콘서트홀에서는 대개 수준 높은 프로그램이 운영된다. 멋진 건물에 어울리는 좋은 콘텐츠가 지속되어야 성공이다. 문화적 기업이란 이미지는 어떤 경우에도 해가 되는 일이 없다. 롯데 콘서트홀을 만들기로 한 결정과 어렵게 완공한 과정의 지난함을 안다. 나는 대기업이 운영하는 콘서트홀이 생기길 누구보다 고대했다. 민간의 선택은 한 사람의 의지만 있으면 된다. 서울에 제대로 된 음향이 나오는 멋진 공간의 아쉬움을 가진 기업가라면 더 말할 나위 없다.

음악은 현재만 지속되는 시간 예술이다. 소리가 나는 순간 사라져 버린다는 말이다. 순간의 감흥이 중요함은 물론이다. 당연히 어떻게 들릴지 먼저 떠올려야 한다. 하지만 우리는 그럴 만한 여유를 갖지 못했다. 건물이 있으니 그 안에서 연주하면 그만이지 소리가 어떻게 들릴지에 대한 방법은 소홀했다. 음악적 경험의 질까지 고려한 감상은 하지 못하고 산 것이다.

콘서트홀의 음향은 그 중요성을 새삼 말할 필요조차 없다. 작은 실수조차 용납하지 않고, 소리가 좋은 악기를 손에 넣기 위해 노심초사하는 결벽한 연주자의 심정을 떠올려 보라. 게다가 심혈을 기울인 연주가 장소 때문에 제대로 전달되지 않는다면 어떨까. 스마트폰 속의 음악도 이어폰의 수준에 따라 전혀 다르게 들리니, 실제 연주라면 이런 차이는 장소에 따라 더욱 극대화될 게다. 음악은 연주를 통해서만 듣게 된다. 그 음향이 듣는 이의 마음을 파고들었을 때 음악적 소통은 비로소 완결되었다고 할 수 있다.

우리나라엔 왜 슈박스형 콘서트홀이 많을까

롯데 콘서트홀 이전엔 양재동 '예술의 전당'이 클래식 전용 콘서트홀 역할을 맡았다. 산속에 지어 놓은 콘서트홀은 납득되지 않았지만 대안도 없었다. 신군부 세력이 서울올림픽 개최를 계기로 부랴부랴 만든 예술의 전당이다. 당시 여건과 분위기로는 정교한 음향을 실현하기까지는 무리였다. 이곳도 오랫동안 사용되던 슈박스(Shoe Box)형으로 지어졌다. 슈박스형 콘서트홀은 무대를 기점으로 관객석이 놓여진다.

스크린 앞에 관람석이 펼쳐지는 극장과 같은 구조다. 전체적 형태가 구두를 담는 통과 비슷해서 붙여진 이름이다. 뒤쪽에도 객석을 설치하고 무대의 양편을 둘러싸는 날개 모양의 테라스를 2~3층으로 설치한 발전판도 있다. 음향이 무대 전면으로 펼쳐지는 슈박스형은 오랜 세월동안 콘서트홀의 전형으로 자리 잡았다.

이후 몇 개의 민간 콘서트홀이 생겼지만, 대부분 슈박스형으로 설계되었다. 이는 연주자의 연주를 객석에 일방적으로 전달하는 방식이다. 오케스트라를 지휘하는 마에스트로의 뒤통수만 보게 되는 아쉬움이 있지만, 오랜 세월동안 축적된 경험으로 잘 튜닝된 콘서트홀의 음향은 집중도를 높일 수 있는 장점이 있다.

1988년에 공연 예술 전문지 『객석』의 기자였던 나는 예술의 전당 개관 때부터 드나들기 시작해 지금껏 음악애호가로 산다. 여기서 많은 음악을 들었고, 구석구석 무슨 시설이 있는지도 잘 안다. 솔직히 음향이 훌륭하다고 말하기는 어렵다. 객석 위치에 따라 음향 편차가 심하고, 소리가 묻혀 잘 들리지 않는 사각 지대도 있다. 외국의 유명 콘서트홀을 돌아보기 전까지는 콘서트홀의 음향이 모두 그러려니 하며, 음향에 불만을 털어놓는 걸 사치라고 여겼다.

세계 최고의 음향을 자랑한다는 '베를린 필하모닉 콘서트홀'과 '라이프치히 게반트 하우스'를 찾아 연주를 들어 봤다. 연주의 감흥이 이토록 다르게 다가올 줄 몰랐다. 섬세하

고 유려한 현악기의 선율은 감미롭고, 뿜어 대는 관악기의 포효는 갈라지지 않았다. 콘트라베이스와 팀파니의 위력적인 저음은 가슴을 휘감았다. 악기의 소리가 뭉치지 않고 또렷하게 분리되어 들린다는 게 믿어지지 않았다. 유명세의 권위에 눌려 짐짓 좋게 들린 게 아닌가 싶어 몇 번을 다시 찾았다. 결과는 달라지지 않았다. 음악이란 어쩌면 콘서트홀의 음향을 받아들이는 것이 아닌가 하는 생각이 들 정도였다.

이들 콘서트홀은 빈야드(Vineyard)형이라는 공통점이 있다. 음향 효과를 위해 연주 무대를 가운데에 두고, 객석이 이를 스탠드처럼 둘러싸는 방식이다. 와인을 만드는 와이너리(Winery)의 형태와 비슷해 빈야드란 이름이 붙었다. 무대가 객석 안에 있어 소리가 동심원 상으로 퍼지는 효과를 낸다. 명료한 울림과 잘 잡힌 음의 균형이 특징이다.

빈야드형은 1963년에 베를린 필하모닉홀을 새로 지으면서 채택됐다. 바우하우스의 후예라 할 독창적 건축가 한스 샤룬(Hans Scharoun, 1893~1972)의 설계다. 음악으로 모두가 만나는 공간을 꿈꾸었던 지휘자 카라얀(Herbert von Karajan, 1908~1989)은 새로운 실험을 적극 지지했다. 음향과학 전문가들의 협업으로 공간의 크기와 형태로 잔향을 조정하고 튜닝했다. 슈박스형을 벗어난 콘서트홀은 지붕이 솟구친 오각형으로 만들어졌다. 이질적인 모습 때문에 베를린 필하모닉 콘서트홀은 카라얀의 서커스단이란 별명이 붙을 정도였다. 생긴 것과 상관없이 이전에 경험하지 못했던 좋은 음향으로 사람들의 인정을 이끌어냈다.

베를린 필하모닉 콘서트홀의 음향은 좋은 콘서트홀의
모범이 된다. 이후 지어진 게반트 하우스와 LA의 월트 디즈
니홀, 함부르크의 엘프 필하모닉 콘서트홀, 내가 특히 좋아하
는 도쿄의 산토리홀도 빈야드형이다. 이곳에서 듣는 생생한
울림은 음악의 감흥을 몇 배나 올려 준다. 빈야드형의 설계
기법은 독일에서 시작되어 일본에서 꽃을 피운 듯하다. 현재
토요타 야스히사가 이끄는 나가타 어쿠스틱이란 회사가 빈
야드형 콘서트홀 설계를 독점하다시피 한다. 세계 여러 나라
에 세워진 최신 콘서트홀의 대부분이 이 회사에 신세를 졌다.

우리도 빈야드형 콘서트홀을 갖게 됐다

좋은 음향으로 음악을 듣고 싶은 사람이 어디 나뿐일까. 외
국 콘서트홀의 음향 효과를 체험한 국내 음악 애호가들의 수
가 늘어났다. 불문에 붙였던 국내 콘서트홀의 음향이 불만의
이유로 떠올랐다. 모두 기대를 담은 훌륭한 음향 공간이 생
기길 진심으로 바라게 됐다. 2016년에야 꿈이 이루어졌다.

롯데월드타워에 들어서는 콘서트홀이 빈야드형이라는
데 흥분했다. 예술의 전당이 생긴 이래 28년 만에 민간이 만
든 첫 클래식 음악 전용 콘서트홀이란 영예도 주었다. 롯데
콘서트홀의 설계도 나가타 어쿠스틱이 맡았다. 위스키 통으
로 쓰이던 오크 원목을 사용해 보석과 같은 울림을 이끌어
냈다는 산토리홀 신화의 주인공 토요타 야스히사[豊田泰久]

가 직접 참여했음은 물론이다.

다양한 용도로 쓰이는 복합 건물에 음악 전용 시설을 세우는 일은 만만치 않다. 빈야드형의 특징인 불규칙한 천장 구조와 높이는 최적의 잔향 시간인 2초를 얻어 내기 위한 선택이다. 건물 안에 있으므로 콘서트홀의 외관은 신경 쓰지 않아도 된다. 외부의 소음과 진동을 차단하고 안의 소리가 밖으로 새어나가지 않도록 하는 게 더 중요하다. 공간 전체를 공중에 띄우는 박스 인 박스(Box in Box) 기법으로 외부의 소음도 차단시켰다. 즉, 집안에 집을 짓는 방식으로 만들었다는 말이다. 음향의 정밀함을 끌어내기 위한 과학적 접근은 이외에도 많다. 객석의 경사도와 의자의 재질, 바닥의 마루판에 칠해진 도료의 두께까지 고려한 음향 튜닝이 이루어졌다. 눈에 띄는 파이프 오르간도 롯데 콘서트홀의 특징이다. 4천958개의 파이프가 들어간 오르간을 제작하고 설치하는 데만 2년 넘게 걸렸다.

완성된 롯데 콘서트홀은 규모와 화려함으로 그 위용을 드러냈다. 처음 이곳에 들어선 순간의 압도감은 쉽게 사라지지 않는다. 이제 우리도 빈야드형 콘서트홀을 갖게 됐다는 흥분은 나 혼자만의 호들갑이 아니다. 아래 위층을 다니며 분위기를 살폈고, 미처 알지 못했던 비밀까지 들춰냈다. 아무렴 어떤가. 연주되는 음악이 훨씬 좋게 들리니 롯데 콘서트홀을 찾는 횟수가 늘었다. 카미유 생상스(Charles Camille Saint-Saëns, 1835~1921)의 오르간 교향곡도 들었다. 공간이 바뀌니 감흥도 다르다. 소리는 더 섬세하게 다가왔고, 울림의 양이 풍부해진 느낌이 들었다.

주변 사람들의 생각이 궁금해서 만나는 이들에게 똑같은 질문을 했다. "여기 음향이 어때?" 답변은 제각각이었다. 새 콘서트홀의 구조 때문에 더 좋게 들린다는 평가가 많았지만, 반대의 경우도 만만치 않았다. 신선하고 놀랍기는 한데 울림이 과장된 듯해서 불편했다는 이도 있었다. 결과적으로 부정적 평가보다 호의적 반응이 더 많았다. 나는 짐짓 아는 척을 했다. "콘서트홀의 음향이란 단번에 해결되는 게 아니야. 오랜 시간 보완하고 개선해서 잡아나가는 거지. 베를린 필하모닉 콘서트홀의 시설들은 지금까지 보완된다고 하더군." 롯데 콘서트홀이 문을 연 지 3년이 되어 간다. 담당자들도 미진한 부분을 잘 알고 있을 것이다. 보이지 않는 개선과 튜닝이 꾸준히 이어진다는 말을 들었다. 처음 개관할 때보다 차분해진 음향과 조정된 울림의 양으로 그 결과를 수긍하고 있다.

같은 음악을 어디에서 듣느냐에 따라 그 감흥과 메시지는 큰 진폭으로 다르게 다가온다. 좋은 공간은 사람의 마음을 뒤흔드는 힘이 있다. 공간도 사랑해 줘야 성장한다. 많은 사람에게 평소 가지 않던 동네까지 가는 수고가 즐거운 나들이로 바뀌었으면 한다. 서울 시민은 세계 유명 콘서트홀에 뒤지지 않는 격조와 우수한 음향을 자랑할 수 있게 됐다. 이런 명소가 전국에 열 곳쯤 된다면 대한민국을 문화의 나라로 보는 시선이 늘지 않을까.

○

아
모
레
퍼
시
픽

미
술
관

멋진 건축물 하나가
동네를 바꾼다

서울 용산역 앞을 지날 때마다 중얼거렸다. "이 동네는 왜 이렇게 칙칙하고 정 들지 못할 것 같은 느낌이 들까." 내가 다니던 대학은 흑석동에 있다. 정문까지 닿는 유일한 교통수단은 동아운수 84번 버스뿐이었다. 학교 다니던 4년 내내 버스 창문 밖에 비치던 용산역 앞 풍경은 내가 대학을 졸업하고 취직해서 사회생활을 할 때까지도 하나 달라지지 않았다. 낮은 층수의 낡은 건물들, "쇼도 보고 영화도 보고"라는 입간판을 내건 허름한 동시상영관, 짧은 치마를 입은 아가씨들이 저적거리는 음침한 사창가……. 호기심이 생기지 않았다. 용산역 근처는 왠지 범죄의 소굴 같았다.

　일대의 풍경이 바뀌지 않았던 또 다른 이유도 있다. 미 8군으로 통칭되던 주한 미군사령부와 그 주둔지가 양쪽 길목을 차지해서다. 남영동에서 삼각지까지 이어지는 견고한 담장이 내뿜는 거리 풍경은 여느 서울과 달라도 너무 달랐다. 살벌한 철조망이 쳐 있고, 군데군데 영문 경고판이 붙었다. 마치 여기는 미국이니 근처에서 얼씬거리지 말라고 엄포하는 것 같았다.

미군의 담장이 끝날 무렵에 국방부 건물로 들어서는 삼각지 로터리가 나온다. 철거된 지 오래되었지만 당시엔 고가 원형 교차로가 있었다. 주요 국가 시설이 있던 지역이니 만큼 참신한 아이디어로 만든 거다. 맘껏 멋을 낸 교차로의 주변 분위기는 그렇지 못했다. 무허가 판잣집의 조악한 외벽과 다닥다닥 붙은 건물로 둘러싸인 우중충한 동네는 대낮에도 컴컴하게 느껴질 정도였다.

삼각지 로터리의 분위기를 고착화시켰던 노래도 있다. 젊은이들에겐 조선 시대의 인물만큼 낯선 가수 배호의 히트곡 「돌아가는 삼각지」이다. 가사 내용도 우중충하다. "삼각지 로터리에 궂은비 내리는데, 잃어버린 그 사랑을 아쉬워하며, 비에 젖어 한숨짓는 외로운 사나이가, 서글피 찾아왔다 울고 가는 삼각지 로터리……." 동시대를 살았던 사람들에게 특정 장소가 주는 기억은 비슷한 데가 있다.

삼각지를 지나면 용산역이 나온다. 휑한 거리의 양편엔 지은 지 오래되었으나 활기를 잃은 상가가 즐비했다. 도심에서 멀지 않은 동네가 이토록 낙후된 채로 방치된다는 게 이해되지 않았다. 이 지역 일대의 상당 부분이 군사 보호 지역이었다는 게 그 드러나지 않은 이유였을 것이다.

2004년 KTX가 개통되기 전까지 용산역 부근의 풍경은 6.25 전쟁 이후 70여 년 가까이 변하지 않았다. 호남선의 출발역이 용산역으로 결정되고 주한미군의 기지가 이전하면서 새 역사를 짓게 된다. 주변 지역의 정비가 이루어졌고, 새 건축물이 들어섰다. 동네의 기능과 스카이라인이 바뀐 천지개벽의 현재를 보자면 놀랄 만하다. 향후 미8군과 용산역이 품고 있는 엄청난 면적의 부지를 활용할 방안을 찾고 있다. 서울의 지도가 바뀔 변화는 앞으로가 더 흥미진진하다. 이들 부지의 활용을 놓고 벌이는 정치적 공방의 끝이 멋지게 마무리되길 바랄 뿐이다.

용산역 앞을 뻔질나게 드나드는 이유

그래도 내가 용산역 일대를 찾는 일은 거의 없었다. 생활권이 다른 고양 시민의 관심과 행동반경도 한몫했을 것이다. 그런 내가 어쩌다 이 앞에 새로 생긴 건물을 보고 혼자 탄성을 흘렸다. 용산역 앞이 이렇게 변했다는 걸 쉽게 수긍하지 못하는 나 같은 사람이 꽤 많을 것이다. 요즘 나는 갈 일 없는 용산역 앞을 뻔질나게 드나들고 있다. 아모레퍼시픽 사옥 덕분이다. 본격 미술관으로서, 멋진 공간을 즐기는 장소로서 이 건물을 드나드는 일이 즐거워졌다.

최근 서울에 멋진 건축물이 많이 생겼지만, 으뜸은 단연 아모레퍼시픽이다. 나름의 이유를 대자면, 주변과의 조화가 서울의 현재와 가장 부합하게 잘 이루어졌다는 점이다. 크기와 높이로 위압감을 주지 않는 건물의 형태가 백색으로 마감되어 독특한 존재감을 풍긴다. 게다가 건물의 일부를 시민들과 공유하는 소통의 공간으로 만들어 놓았다는 점은 더욱 높이 평가할 만하다. 자세히 들여다보면 건축의 세밀한 부분까지 매우 정교하게 마무리되어 있다.

성공한 기업가에게 좋은 건물의 기준이란 무엇보다 드러나는 외형의 존재감이 우선되게 마련이다. 남보다 높은 건물의 층수이기도 하고, 세계적 건축가의 후광 효과에 기대기도 한다. 한 개인의 성취를 세상에 드러내는 행위는 언제나 인정 욕구와 맞닿아 있다. 자신이 얼마나 대단한 일을 했는지, 얼마나 큰 건물을 지을 능력이 되는지 세상에 보여 주고 싶은 것이다.

스스로 성공을 확인하는 즐거움도 빠질 수 없다. 새 건물을 지은 기업가는 매일 아침 출근하며 뿌듯해 할지 모른다. 엄청난 규모와 멋진 자태에 도취되는 강렬한 쾌감이다. 크고 멋진 건물의 효과는 이것으로 그치지 않는다. 건물을 볼 때마다 과거 제왕의 권능이 부럽지 않은 만족과 위안을 느낀다. 때문에 성공한 이들은 능력을 벗어나는 건축비마저 감당하는 무리수를 둔다.

아모레퍼시픽 사옥도 성공한 개인과 회사의 신화가 담긴 곳이다. 국제 건축 설계 공모를 통해 영국의 건축가 데이비드 치퍼필드(David Chipperfield)의 작품이 선정되었다. 요즘 잘 나가는 유명 건축가로, 세계 여러 곳에 자신의 이름을

아모레퍼시픽과 주변 풍경

© 아모레퍼시픽

남기고 있다. 건축가의 명성 때문에 아모레퍼시픽을 좋아한다면 멋쩍다. 난 데이비드 치퍼필드에게 관심이 없다. 그가 만든 멋진 건축의 아름다움에 감탄하고 시선에 동조할 뿐이다. 아모레퍼시픽 사옥은 덜어내 넉넉하고 비워져 풍요로운 대비의 절묘함으로 빛난다. 설계자의 미학과 건물주의 넉넉한 인심이 만나 이룬 아름다움이 건물 곳곳에서 풍긴다.

조선 백자를 닮은 건물은 그 안에서 진가를 드러낸다
조선 백자에서 영감을 얻었다는 건물은 소담스럽다. 둥근 백자의 넉넉함을 육면체의 건축물로 바꾸어 놓았다고나 할까. 보기만 해도 배부를 듯한 백자의 불룩한 어깨선이 연상되는 독특한 비례. 건물의 중간엔 구멍이 뚫려 있다. 위쪽에서 보면 가운데도 비어 있다. 건물 내부를 비워 두어 생긴 공간이다. 공간 효율성을 따지자면 엄청난 낭비다. 비운 공간으로 시야가 관통된다. 건물 내부에선 밖이 보이고 밖에선 안이 들여다보인다. 외부와 내부가 건물 안에서 만나는 접점이 비워진 공간인 셈이다. 그 사이로 빛이 쏟아져 들어간다.

건물의 구조는 저절로 중정을 만들게 된다. 여기에 나무가 자라고 풀과 이끼를 돋게 했다. 건물 안을 생명이 사는 공간으로 탈바꿈시켰다. 사방에 뚫려 있는 구멍으로 빛과 바람이 흘러들고 분다. 비워져 있지만 넉넉한 순환의 증폭이 이루어지는 모습이다. 비어 있는 부분을 둘러싼 건물은 띄워진 거리 이상의 양감을 지닌다. 건물 전체가 크고 여유 있는 인

위에서 내려다본 아모레퍼시픽의 루프가든

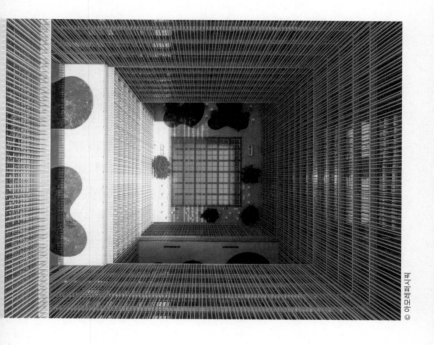

© 아모레퍼시픽

상으로 다가오는 이유일 것이다. 날렵함 대신 두툼하고 묵직해 보이는 안정감이다.

비어 있는 건축 구조가 극대화되는 지점은 1층 로비다. 가운데 지점에서 위를 보라. 와플과 비슷한 격자 모양의 유리창 너머로 하늘이 보인다. 내용을 모르면 그저 그런 장식으로 비춰질지 모른다. 이는 건물의 비워진 공간만큼 덮어 로비에 비가 새지 않도록 한 장치다. 평소에도 유리창에 물이 흐르게 해 시냇물과 같은 효과를 낸다. 고층 건물의 가운데를 텅 비우고 하늘과 물을 보게 한 건물의 아름다움을 놓치면 안 된다. 건물에 하늘을 담은 배포 큰 건축가와 이를 수용한 건축주의 장단이 이끌어낸 성과다.

용산에 이런 건물이 세워질 줄 몰랐다. 데이비드 치퍼필드는 얄밉도록 세련되고 멋진 건물을 남겼다. 사각의 콘크리트를 감싸고 있는 외벽은 둥근 파이프를 이어 놓았다. 멀리서 보아도 가까이 다가가서 보아도, 마치 수많은 나무가 이어져 숲의 질감을 만들어 내듯 날카로움이 느껴지지 않는다.

건축물은 안이 아름다워야 진짜다. 드러난 외형만큼 내부까지 신경 써야 완결이다. 유럽의 건축물을 돌아보면서 진심으로 부러웠던 건 안팎의 조화와 정교한 마무리였다. 보이지 않는 부분마저 완벽을 기한 철저함에 혀를 내둘렀다. 건물 밖을 보는 것은 잠깐이다. 우리 삶의 대부분은 건물 안에서 펼쳐진다. 건물 안이 더 아름다워야 할 이유다. 아모레퍼시픽 사옥은 바깥의 독특함만큼 건물 안의 아름다움도 돋보

인다.

아무런 장식도 없는 건물 내부에서 이상한 매력이 풍겨 나온다. 건물의 재료 그 자체로 마무리된 기둥과 벽, 천장이다. 하나하나의 마무리를 완벽하게 했다면 건축 재료가 그대로 드러났다 해서 거슬릴 리 없다. 보통 콘크리트 마감의 거친 면을 가리기 위해 벽체나 가구가 놓이는 것이다. 벽과 쇠창틀의 이음새가 부실해서 그대로 드러내지 못했을지 모른다. 그러나 이곳은 노출 콘크리트의 표면이 기름을 바른 듯 매끈했고, 유리창이 끼워진 금속 프레임에선 틈새가 보이지 않았다. 재료의 질감을 제대로 드러냈다면 애써 가릴 이유가 없어진다. 재료가 곧 실내 장식인 건물 안은 덧칠하지 않은 날 것 그대로의 아름다움을 드러낸다.

아름다운 공간 일부를 기꺼이 내어 주는 곳

건물에 담긴 섬세한 요소를 발견하는 즐거움도 크다. 이 건물 안에서만 쓰이는 타이포그래피와 픽토그램을 따로 개발했다. 건물의 기본 콘셉트와 어긋나는 부조화를 참지 못하는 설계자의 고집이 반영되었을지 모른다. 엘리베이터의 층수 버튼과 안내판의 디자인은 더 이상 덜어 낼 수 없을 만큼 간결하다. 주차장으로 향하는 진입로는 넓고도 완만하다. 컴컴하고 좁은 주차장을 통과했던 조심스러움은 고속도로를 지나는 듯한 쾌감으로 바뀐다. 천장에서 쏟아지는 밝고도 부드러운 조명은 이용자를 위해 달아 놓은 것이다. 모두를 위한 배려가 이토록 기분 좋게 다가올지 몰랐다.

현관을 들어서는 순간 탁 트인 시야가 펼쳐지고, 반대편 출구까지 동일 축으로 연결된 로비 공간 사이를 가리는 구조물이 보이지 않는다. 위를 쳐다보면 3층까지 뻥 뚫려 있다. 이렇게까지 내부를 비워 놓아야 할 필요가 있을까 하고 염려하는 쪽은 외려 방문객이다. 층층이 막힌 서울의 건물들 로비에서 보았던 답답한 기억들 때문에 그럴지도 모른다. 건축은 인간의 생각이 드러나는 또 다른 표현이다. 야박한 인물이 지은 건물에 여유의 넉넉함을 기대할 수는 없다.

아모레퍼시픽 로비는 시민들을 위한 공원 역할을 한다. 아무나 들어올 수 있으니 모두의 공간이다. 서울에서 이런 건물들이 늘어나고 있다는 건 반가운 일이다. 한정된 도심의 땅과 공간을 독점하지 않고 나누어 쓰는 시도는 다른 곳에서도 발견된다. 서울 종로2가에 있는 D타워 같은 건물이 이런 생각을 먼저 실천했다. 차량 위주의 도시 설계로 악명 높은 서울의 숨통을 터 준 셈이다. 현대판 공원은 숲과 연못이 없어도 된다. 아름다운 건물을 짓고 가운데에 길을 내주면 된다. 사람들이 모이면 그 다음을 채우는 일은 쉽다. 현대의 공원과 상가는 건물 사이와 내부에서 그 힘을 키워 가는 중이다. 건물 로비를 시민들에게 돌려준 아모레퍼시픽의 씀씀이는 돋보인다. 멋지고 아름다운 건물이 하나 들어선다는 게 우리의 삶을 얼마나 바꾸어 놓는지 공감할 일만 남았다.

미술관은 건물 내부 지하층에 있다. 건물 밖에 놓인 조각

아모레퍼시픽 1층 로비

품을 감상하며 미술관 입구로 들어서자 전시장으로 쓰는 큰 규모의 공간 스케일이 놀랍다. 높은 천장과 격벽이 제거된 실내에 들어서는 것만으로 대단한 곳에 들어선 압도감이 든다. 매번 신선한 기획의 전시가 열리고 있다. 높은 천장 어디에선가 비춰 주는 고품위 조명은 전시의 내용을 인상 깊게 만든다. 표면 반사와 빛의 얼룩이 없어 집중하게 되는 미술품은 두 배의 감동으로 다가온다. 이를 위해 독일산 첨단 조명 장치가 보이지 않게 숨겨 있다는 사실을 아는 이들은 안다.

요즘엔 별 일 없이도 아모레퍼시픽 건물에 들른다. 아니다, 미술관에 가기 위해 일부러 간다. 이곳에서 보내는 시간들이 좋다. 걸음이 느려지면서 건물을 뜯어보게 된다. 오래 머물면 왜 이렇게 만들어졌는지 비로소 이해되는 비례와 균형의 선택들이다. 직원들만 출입할 수 있다는 5층 중정에도 가 봤다. '역시!'란 감탄을 감출 수 없다. 아모레퍼시픽 사옥이 보이는 주변의 다른 건물과 동네는 조망 프리미엄을 누린다. 아름답고 멋진 건물의 영향력은 현실적 효용성으로 증명되고 있는 셈이다. 용산, 아니 서울, 아니다! 우리나라가 자랑할 만한 건축물을 갖게 됐다는 자부심부터 먼저 챙겨야 순서다.

○

뮤
지
엄

산

산꼭대기에서
물에 비친 미술관을 감상한다

일본 나오시마의 지추 미술관을 다녀왔던 기억은 오래 전이지만 여전히 새롭다. 이곳은 환경 문제로 버려졌던 섬에 미술관을 세워 세계인이 찾는 명소로 떠올랐다. 세상을 아름답게 바꾸려는 기업과 자연을 거스르지 않는 풍광의 건축을 만드는 안도 다다오[安藤忠雄]의 솜씨 덕분이다. 현대 건축의 걸작이라 불리는 지추 미술관이 들어선 이후 나오시마는 변했다. 존재감 없던 섬 마을은 사람들로 북적였다. 국제적으로 알려지게 된 미술관의 힘이다. 현청이 있는 다카마스 시내와 사누키 우동의 본산이기도 한 시코쿠의 활기도 눈에 띄게 달라졌다. 좋은 건축과 미술관의 역량에서 비롯된 성과다.

지추 미술관을 세운 회사는 학습지와 출판 사업을 하는 베네세 그룹이다. 침체된 섬을 되살리기 위해 베네세는 지역 재생을 결심한다. 미술관을 지어 문화재단 소유의 미술품과 해외 유명 작가의 작품을 보여 줄 요량이었다. 나오시마가 예술의 섬으로 바뀌면 지역 경제의 활성화에도 도움이 될 것으로 판단했다. 그러기 위해선 세계 수준의 건축이 들어서야 했다.

건축가의 선정이 중요한 사안으로 떠올랐다. 자연 친화적 건축으로 이름을 날리는 안도 다다오가 적격이었다. 베네세 그룹은 일본의 대표 건축가이자 세계적 지명도가 있는 안도에게 설계를 맡긴다. 계획은 순조롭게 진행됐다. 문화의 힘으로 세상을 바꿔 보고자 하는 기업과 기억에 남는 건축물을 만들어 내는 건축가의 결합은 성공적이었다.

지추[地中] 미술관은 말 그대로 건물의 대부분을 땅 속에 감추어 지상에서 보이지 않게 지어졌다. 주변 해안에서 보면 건물의 돌출부는 언덕의 일부처럼 보인다. 지상의 미술관 입구로 들어가면 지하층으로 향하게 되는 독특한 건물 구조다. 창문은 바다 쪽으로 트여 있어 내부에서 보면 답답한 느낌이 들지 않는다. 콘크리트와 철강, 유리뿐인 현대 건축 재료의 차가움은 풍부한 빛을 끌어들여 온기를 더했다. 모퉁이를 돌 때마다 시선 앞의 건물 길이와 폭의 비례가 바뀌도록 설계해 독특한 원근감을 연출한다. 단조로운 건물이 전혀 지루하게 여겨지지 않는다. 여기에 굽이굽이 감도는 수로를 만들어 물을 흐르게 했다. 지형의 높낮이를 계단으로 연결시켜 일부러 걷게 만든 동선도 인상적이다.

건축가 안도 다다오가 신중하게 접근한 곳이 있다.

단 세 명의 작가를 위한 전시 공간이다. 인상파 화가 모네 (Claude Monet, 1840~1926)의 그림과 월터 드 마리아(Walter De Maria, 1935~2013)의 설치 미술, 빛의 효과에 천착한 제임스 터렐(James Turrell)의 입체 설치물이 그 주인공이다. 성격이 다른 세 작품은 빛이란 공통 요소를 중요시한다. 빛의 인상이 곧 이들 작품의 주제이기도 하다. 각기 다른 빛의 효과로 세 개의 미술품을 돋보이게 할 숙제를 건축가에게 요구한 셈이다. 이 세 공간은 곧 지추 미술관의 하이라이트가 된다.

공간은 작품의 가치와 명성에 건축가의 해석이 더해져 또 다른 창조물로 바뀌었다. 미술품은 공간과 어우러져 독특한 오라를 뿜어냈다. '지추 미술관의 모네와 마리아, 터렐'이라 불러야 더 어울릴 듯하다. 안도 다다오는 "건축은 밖에서 보는 형태보다 건물 안에서 겪게 되는 체험이 더 중요하다"고 말했다. 그의 말을 여기서 확인하게 된다.

파리의 오랑주리 미술관에도 모네의 연작인 「수련」이 걸려 있다. 지베르니에 있는 모네의 정원에 핀 꽃을 그린 큰 그림이다. 오랑주리 미술관도 나름 신경 써서 그림을 전시한다. 그러나 전형적인 유럽 미술관의 분위기마저 바꿀 순 없다. 주변의 어수선함과 조명도 거슬렸다. 이곳에서 모네의 그림이 인상적으로 다가오지 않았던 솔직한 이유다.

같은 연작을 지추 미술관에서 보게 됐다. 큰 공간에 모네의 그림 다섯 점이 전부였다. 배경인 흰 벽과 바라보는 거리가 달라졌고, 적절한 조명이 비춰 영화의 스크린처럼 시선과 감정을 빨아들이는 듯했다. 관람객은 발소리를 차단하기 위한 덧신까지 신고 그림을 본다. 그림과 공간이 만들어 내는 또 다른 예술적 감흥을 실감했다. 지추 미술관에서 본 모네의 수련은 정말 좋았다. 낯선 미술관의 기억을 특별하게 만들어 준 공간의 힘이 대단했다.

한국의 산 지형을 거스르지 않는 건축물

지추 미술관의 강렬한 인상을 그대로 옮겨 놓은 듯한 안도 다다오의 건축을 강원도 원주에서 보게 될 줄은 몰랐다. 제주에도 그의 건축이 몇 군데 있긴 하다. 하지만 그보다 훨씬 크고 본격적인 건축물이다. 게다가 나오시마의 자연보다 더 아름다운 강원도의 산에 지어졌다. 주변의 환경과 멋지게 어울리는 건축미는 물론이고 바다를 건너지 않아도 되니 접근성도 뛰어나다.

'뮤지엄 산(SAN)'이다. 자연과 공간(Space And Nature)의 머리글자를 따 SAN으로 작명했다고 한다. 건물을 돌아보고 나서야 비로소 지추 미술관에서 느꼈던 부러움은 지워도 될 듯했다. 섬을 떠나 우리나라 본토에 세워진 최초의 안도 다다오 건축이란 의미까지 더할 수 있게 됐다.

뮤지엄 산도 지추 미술관과 같이 기업 주도로 만들어졌다는 공통점이 있다. 일본의 베네세는 책을 만들고 한국의 한솔제지는 종이를 만든다는 점이 다를 뿐이다. 책과 종이 그리고 안도 다다오……. 설립자가 평생 모은 미술품을 세상과 나누고 싶다는 생각의 출발도 비슷하다. 묘한 연관성이다. 한국과 일본에 떨어져 있는 두 건물이 이란성 쌍둥이 같다. 다른 점이 있다면 한쪽은 지역 재생, 다른 쪽은 리조트 개발의 일환으로 미술관을 지었다.

뮤지엄 산은 거장의 반열에 오른 안도의 건축적 특징을 모두 담은 완결판 같다. 주변 환경과 조화로운 자연 친화적 접근이 특기인 그의 건축은 이번에도 형태를 도드라지지 않게 했다. 마을과 멀리 떨어져 사람이 살지 않는 산꼭대기에 있으니 산의 스카이라인을 누르는 고압적 건물이 들어설 수 없다. 그래서 뮤지엄에서는 강원도의 산세가 배경으로 연장되는 효과를 건물 어디에서도 보게 된다. 멋진 풍경이다.

산의 지형을 거스르지 않는 건물 배치가 인상적이다. 능선을 따라 건물이 길게 이어져 마치 산과 하나인 건물 같다. 복도를 지나다 보면 창밖으로 펼쳐지는 다양한 풍경과 마주친다. 하늘이 보이고 숲이 나오는가 하면 물이 떨어지는 모습이 보인다. 안과 밖의 경계마저 지워버리려는 듯하다. 건물 밖으로 나오면 갑자기 주위의 산이 나를 둘러싼 듯한 풍광이 펼쳐진다. 자연과 인공의 적당한 유격에서 비롯된 시각 효과다. 숲을 보기 위해서 반대편 산으로 가야 하는 이유를 녹여 낸 듯하다. 강원도의 산을 알지 못하면 이런 시도는 못 했을지 모른다. 안도는 놀랍도록 우리나라를 잘 파악하고 있다. 집 밖의 자연과 산 안에 들어 있는 집이 서로 다투지 않고 편안해야 한국의 아름다움을 해치지 않는 것이다.

뮤지엄 산의 건물 외벽은 노출 콘크리트 대신 돌로 마감했다. 옛 돌담에서 본 황토빛 색감까지 그대로 옮겨 놓았다. 안도 다다오는 자신의 건축적 특징인 노출 콘크리트를 포기한 것일까. 여기는 일본이 아니다. 한국의 정서와 미감을 존중하고 살려야 한다. 벽에 붙일 돌의 색깔과 질감을 중요하게 여기고 인근의 돌을 캐내 벽에 붙였다. 강원도 원주에서 만나는 돌이 뮤지엄 산의 가장 큰 건축적 특징을 만들어 냈다. 노출 콘크리트를 벗어난 안도의 건축이 한국의 건축물로 보일 정도다. 고요한 물에 비친 담장의 모습은 보기 좋았다. 연신 카메라의 셔터를 눌러 대는 사람이 많았다. 탄성도 비슷했다. "벽의 돌 색깔과 모양이 너무 멋져요!"

하늘과 땅, 사람이 조화로운 공간

물에 떠 있는 듯한 미술관 건물이 한눈에 들어온다. 조금 전에 보았던 산의 풍경을 잊게 하는 반전이 있다. 물을 끌어들이는 건축 기법이 여기서도 적용됐다. 안도 다다오를 유명하게 만든, 삿포로에 있는 물의 교회에서 봤던 인상이 연장되는 느낌이다. 수면에 비친 교회의 모습은 종교적 경건함을 공유시키는 훌륭한 장치였다.

물에 비친 뮤지엄 산은 비밀을 감춘 성채처럼 잔잔한 존재감으로 시선을 이끈다. 물을 가둔 수면은 거울과 같은 효과를 낸다. 건물 주위에 물을 끌어들이는 이유는 하늘을 보기 위함이라 했다. 수면에 하늘이 비치면 건물은 저절로 따

라오게 마련이다. 자연의 일부가 된 건축은 살아있는 생명체처럼 움직인다. 수시로 변하는 빛의 세기와 방향, 바람에 의해 수면의 물결이 변화무쌍해진다. 자연과 건축을 연결시킨 물의 표면은 단 한 번도 반복의 모습을 보여 주지 않았다.

내가 찾았을 때 수면은 거울처럼 잔잔했다. 하늘의 구름이 비친 수면은 중력을 차단시킨 듯 미술관이 사뿐하게 솟아오를 듯하다. 외벽의 색감과 뒤편의 나무들이 상하 대칭으로 펼쳐진 그림을 만들어 냈다. 어지간히 둔한 사람이 아니라면 그 아름다움을 지나치지 못한다. 건축이 예술이라는 걸 실감하게 되는 순간이다.

하늘과 땅, 사람의 조화로 만물의 순환을 설명하는 동양의 전통적 사상이 건축에 잘 녹아 있다. 본관 종이 박물관 안에 있는 사각의 '파피루스 온실'은 땅을 상징하는 형상으로 하늘이 뚫린 중정에 세워져 있다. 실내의 실외 공간이 되는 셈이다. 땅에 발을 딛고 사는 생물의 터전을 네모로 형상화시켰다. 대기의 순환으로 내리는 비와 눈이 그대로 들이친다. 실내 공간에서 보는 계절의 변화가 극적으로 다가오는 이유다. 불필요한 시선의 차단으로 본질과 마주치게 하려는 소통의 건축이란 이런 모습일 것이다.

사람을 상징하는 삼각형은 두 번째 마주치게 되는 '삼각 코트'에서 확인된다. 바닥엔 거친 돌이 깔려 있고 가운데에는 조형물 하나만 서 있다. 하늘을 쳐다보면 삼각형의 예각이 더욱 도드라진다. 복도를 따라 이어지는 길고 좁은 띠 모양의 틈새 사이로 안쪽이 들여다보인다. 지추 미술관에 있는 것과 똑같다. 안도가 자기 복제를 하는 게 아니냐는 의혹은 여기서 나왔다.

하늘을 뜻하는 원형 공간에는 '백남준관'이 꾸며져 있다. 돌로 마감된 원통형의 천장엔 구멍이 뚫려 있다. 하늘에서 쏟아져 내린 빛이 바닥에 닿는다. 실내는 마치 우물 같기도 하고, 어머니의 자궁을 연상시키기도 한다. 어둑한 실내에서 하늘의 빛은 찬란하다. 백남준의 작품으로 채워진 원형의 공간은 따뜻하고도 경건하게 다가온다.

빛만으로 변주되는 현실과 상상의 공간을 경험하다

뮤지엄 산의 본관에는 청조 미술관과 종이 박물관이 있고, 별도 건물에는 최근에 완공된 명상관과 제임스터렐관이 구성되어 있다. 본관과 제임스터렐관 사이에는 신라고분에서 영감을 받아 만든 돌의 정원 이른바 '스톤 가든'이 있다. 돌무더기는 봉긋하게 솟아오른 부드러운 곡선이 인상적이다. 중첩되어 보이는 둥근 형태는 경주에서 본 신라의 흔적이다. 한국을 의식한 건축의 헌정이란 생각이 든다.

스톤 가든을 걷다 보면 우리의 것을 객관화시켜 들여다보는 즐거움이 있다. 자기가 서 있는 곳이 어디냐에 따라 감촉과 느낌, 보는 것이 달라진다. 새삼 돌의 질감에서 석탑이 연상되고 색깔에서 추억이 떠오르는 공감각이 발동된다. 공간은 사람을 적극적으로 반응하게 유도한다. 미술관에선 감촉과 느낌이 환기되고, 보는 것이 달라지기 때문이다.

사실 뮤지엄 산의 백미는 제임스터렐관이다. 제임스 터렐은 빛만 다루는 작업으로 명성을 얻었다. 사물의 표면에 번지는 빛과 색채의 느낌이 미묘하게 다가오는 작품들이 많다. 지추 미술관에도 제임스 터렐의 작품이 놓여 있다. 같은 작가의 작품을 같은 건축가가 만든 공간에서 각각 보게 되는 행운을 누리게 된다. 두 미술관의 특징과 효과도 비교할 수 있다. 지추 미술관의 것은 입체, 뮤지엄 산의 것은 평면이란 점이 다르다. 이곳에선 흰 벽에 펼쳐지는 터렐의 다섯 작품을 볼 수 있다. 외부의 빛을 끌어들이거나 차단시킨 커다란 공간은 현대 미술의 즐거움을 온몸으로 받아들일 수 있게 한다. 이런 공간이 아니면 빛의 효과가 제대로 전달되지 않는다. 갇힌 공간에서 빛만으로 변주되는 현실과 상상을 체험하게 된다. 안에 있으면 꿈꾸는 듯하고, 문 밖으로 나가면 하늘이 보일 듯하다.

안도 다다오는 작가에게 공간을 헌정했고, 작가는 빛을 뿌렸다. 파란 하늘과 하얀 벽, 그 사이에 놓인 사람의 관계는 곧 자신과 영원을 돌아보는 계기가 된다. 공간이 없으면 예술도 없다는 사실을 받아들이게 된다. 뮤지엄 산은 전시 작품만이 아니라 안도 다다오의 건축을 보고 즐기는 것이기도 하다. 나오시마의 지추 미술관과 비교해 보는 것도 좋고, 이곳만의 매력에 빠져 보는 것도 좋다. 건축과 주변 풍광의 조화와, 미술관이란 용도의 측면에서도 그렇다. 같은 건축가가 지은 것이니 두 공간의 저울질은 필연적일 수밖에 없다.

　분명한 것은 지추 미술관의 경험이 어떤 형태로든 이곳에 반영되었다는 사실이다. 실제로 비슷하고 동일한 수법이 많이 반복되기까지 한다. 평가는 주관적 호불호로 나타날 수 있겠다. 이런 점은 안도 다다오도 의식했을 것이다. 많은 사람이 지추 미술관보다 낫다는 평가를 한다. 한국적 미감의 실천과 너른 공간이 내는 비례의 균형을 높이 산 까닭이다. 어쨌든 다행이다. 어디에 내 놓아도 꿀릴 게 없는 멋진 미술관이 우리에게도 생겼으니 말이다. 건축의 체험 또한 다양성에서 그 깊이를 더하게 된다. 무엇이 좋고 아름다운 것인지 궁금하다면, 짬을 내서 원주의 뮤지엄 산을 찾아보시라.

산꼭대기에서 만난 수면은 빛의 세기와 방향, 바람,
풀과 나무에 의해 변화무쌍해진다.

뮤지엄 산

개인 취향과

사회 가치가

제대로 구현된 곳

내가 사랑한 공간들 ○ 4부

○

부천아트벙커 B39

우리의 과거가
냄새로 기억되는 곳

살고 있는 동네에서 한강만 건너면 경기도 부천시다. 하지만 아는 이가 없고 생활권도 달라 들를 일은 거의 없다. 기껏해야 고양시와 연결된 순환 고속 도로가 있어 전라도 쪽으로 가기 위해 지나치는 정도다. 차창 밖으로 보이는 철 구조물에 "웅진 플레이 시티"라는 간판이 붙어 있다. 때가 되면 '부천판타스틱영화제'를 알리는 현수막도 걸린다. 알고 보니 부천시는 문화특별시를 표방할 만큼 다양한 문화 사업을 펼치는 곳이었다. 만화 육성 프로그램도 활발하고 젊은 예술가들의 지원에도 인색하지 않다. 부천시를 창의 도시로 선정한 유네스코의 선택에는 그만한 이유가 있다. 서울과 인천 사이에 끼인 공업 지대라는 선입견은 이제 버려야 할 때인 듯하다. 공장 굴뚝 대신 문화로 도시를 채우고자 하는 부천시의 운영 방침은 칭찬할 만하다.

문화특별시를 자처하는 부천에 대해 제대로 아는 게 없다. 소문과 인터넷 정보만으로 전체를 예단하면 안 된다. 하지만 하나를 보면 열을 헤아릴 수 있는 법이다. 기대를 품을 만한 장소를 하나 찾아보기로 했다. '부천아트벙커 B39'가 관심의 장소다. 원래 이곳은 시커먼 연기와 오염 물질을 뿜어내던 거대한 쓰레기 소각장이었다. 누구나 손사래를 쳤을 혐오 시설은 수명을 다해 오랫동안 버려져 있었다. 없애는 일도 만만치 않아 골칫거리였던 이 장소를 부천시는 문화 공간으로 활용하기로 결정한다.

전국 곳곳에서 도시 재생이 유행처럼 번지고 있다. 이는 세계적 추세이기도 하다. 새로움이 반드시 좋은 것은 아니란 자각에서 출발했을 것이다. 사람들의 중첩된 기억이 구체적 장소를 통해 되살아나는 효과도 그 이유다. 과거의 흔적은 계속 이어지는 삶 속에 녹아들 때 생명력을 갖게 마련이다. 도시가 남긴 보존할 만한 길과 건물, 시설이 여기에 해당된다. 이곳을 보고 자랐을 세대들과 삶을 펼쳤던 사람들의 공동 기억은 그 흔적 앞에서 강렬해진다. 한 동네에서 같이 살았던 공감은 함께 다닌 학교 건물과 버스 모양과 색깔을 떠올릴 때 더욱 짙어진다.

쓰레기 소각장은 공공의 문화 공간으로 바뀌고
어느 도시나 마찬가지일 테지만, 쓰레기 소각장 같은 시설은 외곽에 들어서게 마련이다. 하지만 부천아트벙커 B39(이하

B39) 주변은 아파트 단지로 빼곡하고, 오가는 차들로 분주하다. 님비(nimby) 현상에 반대하는 동네 사람들의 관대함 때문일까. 문화특별시 부천의 시민이라도 이런 자발적 선택은 어림없다. 연원부터 살펴봐야 한다. 소각장은 1995년에 만들어졌고, 쓰레기를 태울 때 나오는 다이옥신 때문에 2010년에 폐쇄됐다. 가동을 멈춘 소각장 주변이 다시 삶의 터전으로 바뀐 것은 세월 때문이었다. 이곳은 유입 인구가 급속하게 늘어난 수도권 도시다.

높은 붉은색 굴뚝이 그대로 남아 있는 소각장 건물은 커다란 공장 같았다. 입구의 표지판을 보고서야 아무나 들어갈 수 있는 공공시설이란 걸 알았다. B39에 들어서면, 예전에 들르던 쓰레기차 중량을 재는 계근소 건물이 보인다. 규정에 따라 일일이 무게를 확인하며 드나든 쓰레기 트럭의 수는 엄청났을 것이다. 옛 모습을 그대로 보존한 널따란 철판 밑에 저울 장치가 있다. 당시의 쓰레기 트럭은 녹색이었지, 저울을 보니 쉽게 기억의 단초가 풀린다. 누구라도 비슷한 연상을 하게 된다. 구체적 사물과 흔적이 있다면 집단기억의 환기는 쉽게 이루어진다. 공동체란 결국 같은 것을 보고 살았던 사람들이다.

건물은 크게 손을 대지 않았다. 건물 주위에 풀과 나무를 심어 조경의 효과를 더하고, 높은 담벼락 대신 안이 보이는 철책을 둘렀다. 시야를 틔워 안쪽이 들여다보인다. 입구에 가벽 구조물을 세워 용도가 바뀐 새로운 공간임을 보여

준다. 기다란 구조물은 별도의 안내판을 보지 않아도 자연스럽게 안쪽으로 동선을 유도시킨다. 마치 회랑을 통과하는 것 같다. 필요 최소한의 장치로 공간을 효율적으로 활용할 수 있도록 만든 설계자의 센스가 돋보인다.

한때 잡지사 기자였던 나는 1980년대 말에 쓰레기를 처리하던 서울의 난지도와, 이후 자리를 옮긴 인천 경서동의 매립장을 두루 취재했었다. 끝이 보이지 않는 너른 땅에 가득 찬 쓰레기가 바람에 날렸다. 먼지로 뿌예진 쓰레기 매립지는 영화에서 묘사한 세기말 풍경 그 자체였다. 한 도시가 뱉어 놓은 쓰레기의 양이 이토록 엄청난지는 직접 보기 전엔 실감하지 못한다. 쓰레기 썩는 냄새로 머리가 지끈거렸다. 옷에 밴 악취는 며칠이 지나도 가시지 않았다.

쌓이는 쓰레기를 땅속에 묻어 처리하는 매립 방식 대신 B39는 태워서 처리했다. 쓰레기 소각장의 역할과 구조는 상식으로도 이해될 만큼 단순하다. 쓰레기를 한곳에 모아 태워 없애는 게 전부다. 공정의 순서대로 시설물이 들어서 있다. 엄청난 양의 쓰레기가 담긴 저장 공간(지금은 '멀티미디오홀'로 운영)과 다음 단계인 소각로(지금은 전시와 공연이 펼쳐지는 '에어 갤러리'로 바뀜)가 주요 시설물이다. 이를 이동시키고 재를 처리하는 보조 시설('재 벙커'는 지금도 그 흔적을 그대로 볼 수 있도록 보존)이 이어진다. 엄청난 양의 쓰레기를 처리하기 위한 규모가 어마어마할 뿐이다.

쓰레기를 담아 두던 '지하 벙커'는 커다란 아파트 한 동이 들어갈 만큼 크다. 안에 있던 건물 한 채를 통째로 들어내 속을 비운 콘크리트 몰드(mold)라 하는 게 정확하다. 거대한 콘크리트 쓰레기통인 셈이다. 지하 바닥에서부터 천장까지의 높이는 39미터에 이른다. 소각장의 새 이름인 B39는 부천(Bucheon)의 영문 머리글자 B와 벙커 깊이 39미터를 합해 지었다.

왜 기괴한 콘크리트에서 신전 같은 경건함이 느껴질까
반입된 쓰레기를 지하 벙커로 밀어 넣던 세 개의 육중한 철문이 보인다. 철문이 열리면 덤프트럭 꽁무니에서 쏟아지는 쓰레기가 여기에 쌓였을 것이다. 쓰레기에서 나오는 침출수를 빼내기 위한 배수 시설의 흔적이 바닥에 남아 있다. 용도를 다한 바닥엔 조명이 비춰진다. 어두컴컴한 벙커의 내부를 디테일하게 보여 준다. 일반인이 볼 수 있게 입구 쪽 벽 일부를 터 전망 시설을 만들어 놓았다. 전체 높이의 중간 지점에서 벙커의 전모를 파악할 수 있도록 했다. 여기에 지붕을 뚫어 창을 냈고, 들어오는 햇빛으로 자연 채광이 된다.

천장엔 당시 쓰레기를 집어 올리던 대형 크레인과 레일이 그대로 남아 있다. 웬만한 것은 그대로 보존해 원형을 남겨 놓으려는 의도다. 작동을 멈춘 기계의 굉음은 들리지 않고 적막하기만 하다. 한때 쓰레기를 담아 두던 곳이란 사실은 퀴퀴한 냄새로만 확인된다. 쓰레기를 걷어내고 깨끗하게 세척해도 이미 배어 버린 냄새마저 지우진 못했다.

오랜 시간 농축된 냄새는 생각보다 역지지 않았다. 끝 모르는 인간 욕망의 잔재들이 풍기는 냄새로 외려 이곳의 역사가 선명하게 드러난다. 원형의 보존은 이래서 중요하다. 이 장소에서만 실감나는 모두의 기억 때문이다. 혐오 시설의 냄새조차 세월의 흔적으로 소중하다. 이미 지나간 시간을 되돌려 현재로 복원시킬 방법은 그 자리에 서서 체험하는 일뿐이다.

밑바닥과 사면의 벽은 모두 콘크리트 구조물로 마감되어 있다. 콘크리트에 스며들고 배었을 오염 물질과 냄새는 세월을 견딘 콘크리트의 독특한 질감과 색깔을 만들었다. 깨지고 패어 자갈이 드러난 모서리는 조형적 미감을 드러낸다. 우연이긴 하지만 오염의 아름다움도 볼 만하다는 생각이 들었다. 현대 건축의 주재료인 콘크리트의 물성을 오염으로 장식하는 기법도 생각해 봄직하다. 모든 건 생각하기 나름이다.

용도를 잃어버린 거대한 콘크리트 쓰레기통은 기괴하고 특별하게 보인다. 무엇을 연상하든 현실을 빗겨난 초월적 분위기가 공간을 지배한다. 원래의 용도가 떠올라서이기도 하고, 오염된 콘크리트 재질에서 풍기는 독특한 질감 때문이기도 하다. 각자의 몫으로 눈앞에 펼쳐진 모습을 상상하게 된다. 나 혼자 시선을 독점한 공간은 의외의 힘을 뿜어내는 것을 느꼈다. 한곳에서 오랫동안 벽을 바라본 몰입의 효과일수도 있다. 익숙한 것이 낯설게 느껴졌다면 콘크리트 벽도 예술이 될 수 있는 것이다. 낡고 더러운 것도 아름다울 수 있는 현장에 나는 서 있다.

시야에 들어오는 벙커의 제일 큰 벽면은 인간의 정상 시야각인 54도를 꽉 채우는 가로 폭을 지니고 있다. 이 조건이 갖추어지면 시야에 들어오는 물체의 느낌이 거대하게 여겨진다. 크지 않은 광화문이 세종로 광장 끝 지점에서 보면 굉장히 우뚝해 보이는 것처럼 말이다. B39에 설치된 전망대와 벽의 거리는 20미터 남짓하다. 구조 보강을 위한 격자 모양의 기둥과 보(堡)가 얽힌 콘크리트 벽은 시야각의 전부를 메우며 거대한 크기로 다가온다. 크기와 색깔이 주는 이상한 압도감이 인상적이다.

다음으로는 고개를 위아래로 움직여 수직의 깊이감을 느끼는 일이 남았다. 칙칙한 콘크리트 벽면에 길게 돌출된 보강용 기둥과 얽혀 벽면은 더 깊어 보인다. 아래를 보면 한 번 떨어지면 영영 올라오지 못할 것 같은 나락이, 위를 보면 유럽의 거대한 성당에서 마주쳤던 좁고 긴 건물의 종교적 경건함이 연상된다. 용도 폐기된 건물에서 신전 같은 분위기가 느껴진다고나 할까. 기괴함과 경외의 모순된 감정이 섞인 당혹감으로 혼란스럽다. 원래의 용도와 눈앞에 펼쳐지는 시각적 충돌은 흥미롭다.

평소 우리나라에서 보지 못하던 구조물의 크기와 조망 거리가 만든 효과는 대단했다. 비워 둔 공간을 끄집어내 그대로 보여 줬을 뿐인데, 연상은 엉뚱하게 번지게 된다. 시각 체험의 경이감은 주술적 효과마저 들게 한다. 누구도 의도하지 않았으나 과거가 현재에 되살려지는 순간 떠오르는 연상의 의미 매김인 셈이다. 기괴한 콘크리트 구조물이 만들어낸 느낌은 마치 영화감독의 미장센으로 창조된 상상의 공간 같았다. 현실 공간에선 이런 곳을 체험하기 어렵다. 일부러만들어 내려면 더러움까지 완벽하게 재현시켜야 한다. 벙커의 독특한 분위기는 결국 쓰레기가 만든 아름다움이다.

남겨진 공간은 시대의 일기장이 되고

도시 재생의 목적인 문화 시설은 용도를 명확하게 정하지 않았다. 미술 전시가 이루어지기도 하고, 음악 연주 단체가 사용하기도 한다. 전위적 예술가들의 비디오 작업이 펼쳐지는 스크린 역할을 하거나, 색다른 분위기를 원하는 광고의 촬영지가 되기도 한다. 특정 예술 장르에 국한시키지 않는 느슨한 운영이다. 용도를 규정하는 순간 쓰임이 제한되는 걸 막기 위해서다. B39를 설계한 건축가 김광수나 운영을 맡은 노리단은 비워 둔 공간의 가능성을 높이 산다. 해석하는 이에따라 무엇이든 마음대로 펼칠 수 있는 문화의 장(場)이면 그만인 것이다.

나는 도시의 건물 앞에 정색하고 오래 머물러 본 기억이별로 없었다. 건축가의 작업과 생각을 존중하지만, 실제로 건물을 자세히 살펴볼 여유가 생기지 않았다. 스쳐 지나가며 봤던 단편적 인상이 곧 건축의 조형성을 파악하는 근거였다. 건물을 제대로 볼 수 있는 적당한 거리도 찾기 어려웠다. 서로 다닥다닥 붙어 있는 건물 때문에 전체의 모습이 항상 가려졌다. 건물의 의미와 감상의 포인트를 아는 일은 건축 잡지의 리포트를 앞서지 못한다. 바쁘고 번잡한 도시생활자의 습속 탓이기도 하다.

B39는 건물의 외형이 아니라 내부 시설물에 초점이 맞추어져 있다. 외부와 차단된 벽 안에서 남겨진 구조물이나 공간을 바라보는 게 전부다. 평소라면 이런 장소에 오래 머물지 않았을 것이다. 하지만 이곳엔 아무도 없다. 홀로 있다는 것만으로 오랜 시간 머무르게 된다. 커다란 공간과 자신이 비로소 면대면의 독대를 하게 되는 순간이다. 놀랍고, 당혹스러우며, 두려움마저 든다. 일상의 시간이 멈춘 듯한 가공의 큐브 안에 들어 있는 듯하다. 빈 공간과 무위의 시간은 절묘한 조화다. 공간은 보는 게 아니라 그 안에서 경험하는 것이다.

도시의 중첩된 시간과 기억은 풍부할수록 좋다. 있는 그대로 기록해 놓은 일기장처럼 남겨진 공간은 시대의 일기장이 된다. 살아온 시간을 담은 흔적은 원래대로 남겨져야 실감나는 법이다. 흐뜨려지고 덧칠될수록 변형의 의구심을 떨치기 어렵다. 건축가의 생각도 나와 같았는지, 원형을 크게 손대지 않고 B39를 완결시켰다. 현재가 과거의 흔적에 끼어들어 새로운 쓰임을 만들어 내는 일이 중요할 뿐이다. B39의 접근법은 좋은 사례로 남을 듯하다.

○
베
어
트
리
파
크

향나무는 나를
비밀 공간으로 데려간다

돈이 모이고, 교통이 편리하며, 문화 시설이 많은 곳이라면 사람들은 저절로 모여든다. 기후와 주변 풍광도 큰 영향을 미친다. 정서적으로 비슷한 사람이 모이는 동네의 특성도 한 몫한다. 세계 어디를 가나 살기 좋은 곳의 선호 기준은 비슷한 데가 있다. 하지만 주거지는 보통 생업에 따라 정해지는지라 마음대로 사는 곳을 정하지 못하는 경우가 더 많다. 한 번 삶의 터전으로 삼은 동네는 쉽게 옮기지 못한다. 오래 살다 보면 생활권의 안정감이 생기고, 사람들과의 관계로 생긴 유대감이 소중해지는 까닭이다.

낯선 동네란 들를 일이 없어 가지 않은 곳이겠고, 친숙한 동네란 들를 일이 많아 자주 가는 곳이겠다. 특정 장소가 친숙하게 다가온다는 것은 그만큼 방문 횟수가 많다는 의미다. 결국 특정 장소가 사람을 끌어들이는 동인은 생활의 수

단인 업무에서 비롯된다. 사람들은 생각보다 많은 지역을 이동하며 살지 않는다. 생활 반경이 넓지 않다는 말이기도 하다. 마음만 먹으면 언제라도 가 볼 수 있는 부산이나 목포에 한 번도 가 본 적이 없다는 이들도 봤다.

돌아다녀야 밥이 생기는 나 같은 사람은 전국 어디라도 불러 주면 다 간다. 나라 밖에도 간다. 나의 일터는 넓다. 일이 아니더라도 볼거리, 먹거리가 좋은 곳이라면 일부러 찾아간다. 보고 싶은 이가 있으면 또 어디라도 간다. 여수에서 한참을 더 들어가야 나오는 금오도라는 낯선 섬까지 가게 된 이유다. 어쨌든 특정 동네를 자주 드나들게 됐다는 건 이유가 생겼다는 뜻이다. 제 삶을 펼칠 공간 반경이 넓은 사람은 매번 새로운 모습을 보며 산다. 갈 곳이 없는 사람은 똑같은 모습만 보기 때문에 삶이 지루해진다.

국토의 효율적 발전을 위해 행정 수도로 세운 신도시가 세종시다. 이곳은 공무원과 그 가족들을 위한 주거 시설과 유입된 인구를 위한 깔끔하고 반듯한 계획도시의 장점이 많을 것이다. 하지만 행정 수도의 위상만큼 도시의 매력은 느껴지지 않는다. 훌륭한 건축으로 도시 분위기를 바꾸겠다는 처음의 계획은 실현된 것 같지 않다. 독일의 레드닷 디자인(Red Dot Design)상을 받았다는 '국립세종도서관' 정도가 사람들의 입에 오르내린다. 볼거리가 풍부한 지역의 새로운 명소가 생겼다는 소문도 들리지 않는다. 세종시에서 멋진 공연이 펼쳐졌다거나 볼 만한 전시가 열렸다는 얘기는 더더욱 들어 본 적이 없다. 행정 수도란 기능만 앞세워서 사람이 살아야 할 터전으로서의 배려는 턱없이 부족한 것이 아닌지 돌아봐야 한다.

어디라도 가는 내가 세종시와는 별 인연을 맺지 못했다. 최근 10년 사이에 강연을 위해 두 번 들렀고, 건축 기행을 위해 몇 번을 찾았던 게 전부다. 그 흔한 맛집 검색에서도 세종시가 등장하는 일은 별로 없다. 조치원이나 전의 같은 옛 마을에서 유명했던 어죽이나 칼국숫집도 없어졌다. 급하게 기존의 동네를 밀어내고 세운 도시는 땅의 기억과 흔적까지 싹 지워 버린 듯했다. 더더욱 세종시를 찾을 이유가 없어졌다. 세종시가 나를 불러 주거나 새 애인이 생기지 않는다면, 제 발로 여기까지 올 일이 없을 뻔했다.

한 사람이 50년간 가꾼 종합선물세트 같은 수목원
'베어트리파크(Bear Tree Park)'를 알게 됐다. 이름이 독특했다. '베어(bear)'라면 곰이고, '트리(tree)'라면 나무다. 곰과 나무가 있는 공원인 것이다. 곰은 동물원에 있어야 하고, 풀과 나무는 수목원에 있어야 한다. '곰과 나무가 함께 있는 공원이라면 뭐지' 하는 생각이 들었다. 볼거리가 빈약한 세종시가 어린이들을 위해 동물원을 급히 만든 것이라 짐짓 단정해 버렸다. 그러나 이곳을 먼저 둘러본 사람들은 베어트리파크의 경관과 시설을 높이 샀고, 관리가 깔끔하다고 칭찬했다. 신문과 방송에 나와 아는 사람들에겐 이미 알려진 명소이기도 했다. 뭔가 특별한 게 있는 게 분명했다.

베어트리파크는 무엇보다 세종시에 있다는 점이 관심을 끌었다. 세종시도 여느 동네와 다를 것 없는, 각진 건물과 고층 아파트로 둘러싸인 건조한 풍경의 계획도시란 선입견이 쉽게 가시지 않았다. 게다가 부정적 인상은 더욱 지워지지 않는다. 여기에 멋진 공원이 있다는 소식에 반신반의했다. 벼르고 별러 이곳을 찾은 날, 하필이면 미세먼지가 자욱하고 춥기까지 했다. 온통 잿빛으로 흐려진 초봄의 시야는 베어트리파크의 첫인상마저 을씨년스럽게 만들었다.

입장료를 내야 하는 공원이어서 그랬는지 정문의 쇠창살은 더욱 견고해 보였다. 입구에 들어서자 보이는 곰의 입상과 안내문이 공간의 성격을 잘 드러내 준다. 곰이 주축인 동물원과 수집한 나무와 기암괴석으로 조성한 식물원을 섞어 놓은 테마파크라 할 만했다.

설립자 이재연은 대기업에서 사장을 지낸 분이다. 나무와 분재를 가꾸는 취미가 발전해 50년 넘는 세월의 흔적을 모아 두게 됐다. 경기도 의왕시에 있었던 나무를 이곳으로 옮겨 현재의 모습이 갖추어졌다. 좋아하는 식물과 자연물을 수집해 채워 넣은 양은 어마어마했다. 그동안의 수집물은 산 하나를 포함한 5만 평 가까운 면적에 채워 넣어도 비좁게 느껴질 정도다. 한 인간의 집념은 강하고 커 보였다. 감동은 자연보다 사람에게서 더 진하게 왔다.

베어트리파크라서 느껴지는 당혹감이 있다. 너무 많은

것이 한곳에 모여 있다는 점 때문일 것이다. 풀과 나무가 숲을 이루고 있고, 연못엔 비단잉어가 산다. 커다란 스페인풍 건물이 위용을 뽐내고 있으며, 뒤편 화단엔 로댕의 유명한 조각상 「생각하는 사람」이 있다. 본관 진입로엔 종유석 기둥과 규화목이 조각품처럼 놓여 있다. 규모와 희귀성만으로도 그 가치를 파악할 수 있을 듯하다. 대만의 고산 지대에서 가져왔다는 엄청난 크기의 괴목 장식도 놀랄 만했다. 희귀한 소나무만 모아 놓은 '송파원'이란 곳도 있다. 나무 한 그루 한 그루마다 담겼을 사연이 저절로 느껴진다. 온실을 설치해 진귀한 열대 식물이 잘 자라도록 했다. 동물원엔 곰뿐만 아니라 사슴과 다른 짐승들도 있다. 곳곳에 곰 조각물을 세워 포토존(photo zone)을 만든 분위기는 아이들을 위한 놀이공원처럼 느껴졌다.

국내엔 이름난 수목원이 꽤 있다. 식물을 다루니 만큼 오랜 세월 준비하고 공간을 만드는 데 많은 품을 들인 공통점이 있다. 유형별로 나누어 보면 식물 그 자체의 관심으로 다양한 종을 수집한 국내 최대의 사립 수목원인 한택식물원, 휴식 공간과 관광객 유치를 목적으로 조성해 유럽식 조경을 보여주는 가평의 제이드 가든, 본래의 식생 조건을 유지하는 자연림 상태의 국립수목원, 온실만 운영하는 아산 세계꽃식물원과 국내 최대 규모로 최근에 개장된 마곡의 서울식물원이 있다. 각자의 특징과 개성을 내세운 수목원으로, 도시 생활에 지친 이들에게 자연을 느낄 수 있는 장소를 제공한다.

베어트리파크라서 느껴지는 당혹감이 있다. 너무 많은 것이 한곳에 모여 있기 때문일 것이다. 풀과 나무가 숲을 이루고 있고, 연못엔 비단잉어가 산다. 커다란 스페인풍 건물도 위용을 뽐낸다.

베어트리파크는 이들 수목원의 특징을 따르지 않았고, 조성 목적이 전혀 달랐다. 처음엔 설립자의 과욕으로 넘친 공간이 아닌가 싶었다. 오랜 세월의 시간이 묻어 밴 깊이가 느껴지지 않았다는 점 때문일 것이다. 마치 종합선물세트 같은 산만함이 거슬렸다. 내가 미처 이해하지 못하는 부분이 있을 것이란 생각에 몇 번을 더 찾은 다음에야 비로소 베어트리파크가 왜 이런 모습으로 만들어졌는지 알게 됐다.

정원이라 하기엔 양식화된 특징이 없다. 일본식으로 인공미가 풍기는 것도 아니고, 한국식으로 손대지 않은 자연미가 다가오지도 않는다. 그렇다고 영국이나 독일식으로 펼쳐진 숲 같은 인상도 아니다. 이 공간을 여느 정원의 유형으로 나눌 수 없다는 생각이 들었다. 평생 모은 수집품을 종류별로 분류해 분산 배치한 공원일 뿐이었다. 하나라도 빼놓을 수 없는 수집품의 열거가 주목적이 된다. 이들이 모아져 풍기는 공간의 분위기와 인상은 각자 알아서 받아들일 수밖에 없다. 베어트리파크의 성격을 어떻게 규정하느냐에 따라 호불호는 극명하게 갈릴 듯했다.

여기서만 볼 수 있는 푸름과 새로움이 있다

평생 목표를 정해 추진력 있게 밀고 나간 기업인의 성격과 결단이 느껴졌다. 현재의 베어트리파크는 조성된 지 10년 남짓 되었다. 시간을 들여 가꾼 원래의 정원이 지닌 아름다움은 장소가 바뀌는 순간 사라질 개연성이 컸다. 설립자 이

재연의 고민이 공감되기 시작했다. 이전(移轉)을 계기로 수목원의 새로운 목표와 콘셉트가 있어야 했던 것이다. 수목원의 운영을 위한 수익도 고려하지 않을 수 없다. 특정 양식을 따르지 않은 파격의 선택이 이뤄진 이유다.

베어트리파크의 길은 여느 수목원과 달리 콘크리트로 포장되어 있다. 자연의 정취를 느끼는 대신 접근의 편의성을 우선한 선택이라 하겠다. 차량 통행이 가능하다는 것은 몸이 불편한 이들도 이동할 수 있도록 배려했다는 말이 되기도 한다. 설립자 자신이 고령인 이유도 있겠지만, 이 공간의 성격을 규정하고 있는 것이기도 하다.

가장 많은 수종은 향나무다. 최소 50년에서 100년은 됐음직한 커다란 향나무가 하나같이 전지 작업을 거쳐 둥그레졌다. 몇 그루의 향나무만 있다면 인위적인 성형의 부자연스러움이 거슬렸을지 모른다. 이런 향나무가 군락을 이뤄 산자락을 덮었다. 둥글게 이어져 시야를 채운 향나무는 한 번도 본 적이 없는 인공의 자연을 연출한다. 이토록 많은 양의 향나무를 한곳에 모아 놓았다는 것 자체가 놀라운 시도일지 모른다. 규모의 압도감으로 다가오는 이런 정원은 처음이다. 만든 이의 생각이 보통 사람과 얼마나 다른지 확인했다.

평생의 공력을 들인 분재는 별도의 전시 공간에 따로 모아 뒀다. 축소된 고목인 분재는 일 년 사계절을 그대로 보여 준다. 나무를 대하는 명인의 인내심으로 세상에서 가장 느린 예술품이 만들어진다. 그 양이 수백 그루를 넘겼다면, 들어간 시간과 지켜보는 과정으로 평생을 바쳤다는 말이 된다. 멋지다. 그리고 숙연해진다.

수집된 소나무도 한곳에 모아 두었다. 관심이 있는 사람이라면 이를 보기 위해 들였을 시간과 노력의 절감을 고마워해야 한다. 우리가 좋아하는 소나무를 이토록 다채로운 자태로 키워 냈다는 것은 내가 보고도 믿기 힘들었다. 식물은 알지 못하면 절대 흥미를 느끼지 못한다. 반면 알게 되면 이것만큼 재미있는 대상도 없다. 소나무가 그렇다.

살아 천년 죽어 천년을 산다는 주목도 많이 심어져 있다. 수피가 벗겨져 안이 하얗게 드러난 나무는 이미 죽은 듯하다. 나무의 윗부분에 돋아난 푸른 나뭇잎은 분명히 한 몸체에서 나왔다. 생명의 경이로움은 이내 숙연함으로 바뀐다. 삶과 죽음은 떨어져 있지 않다는 성찰의 메시지 같다. 전국 각지에서 옮기거나 씨앗을 틔워 키웠다는 느티나무도 인상적이다. 뿌리가 잘리고 새로운 땅에 옮겨지는 생사의 과정이 담겨 있다. 그 다음의 이야기를 잇기 위해 나무는 지금 이렇게 서 있는지 모르겠다.

바깥을 가려 정원 안에 몰입하게 만들다

베어트리파크는 정통 정원을 버리고, 테마파크로 다시 태어났다. 그렇다고 정원이 아니라 할 수도 없다. 몇 번을 찾아 곳곳을 거닐어 봤다. 도대체 왜 이런 정원이 만들어졌을까. 산

둥글게 이어져 시야를 채운 향나무는 지금껏 한번도 본 적이 없는 인공의 자연을 연출한다. 평생의 공력을 들인 분재는 일 년 사계절을 그대로 보여 준다.

베어트리파크 내부

정상의 전망대에 오르자 의문이 풀리는 듯했다. 좌우를 둘러보니 전신주가 어지럽게 세워져 있고, 산 사이로 터진 너른 땅은 정원의 배경으로 삼기엔 부적당했다. 우리의 정원은 주변의 풍광을 끌어들이는 차경(借耕)이 전제되어야 한다.

정원은 주변과의 조화로 완성을 이룬다. 베어트리파크의 입지는 차경을 할 수 없는 지형이다. 차라리 주변의 시야를 차단해서 고립시키는 것이 더 효과적일 수 있다. 짙은 향나무로 담장을 두른 듯한 이유를 납득했다. 베어트리파크 안에서는 바깥이 잘 보이지 않는다. 눈앞의 아름다움에만 몰입시키기 위한 장치가 다양한 수종으로 이루어진 구역인 것이다. 이는 내가 베어트리파크를 현재 우리나라가 처한 상황을 극복한 새로운 양식의 정원으로 보는 이유다.

정원의 목적이란 현실에 이상의 낙원을 만들어 보려는 게 아니던가. 바깥을 가려 안쪽만을 들여다보이게 한 고심의 낙원이 베어트리파크였다. 평생 정원을 가꾸는 데 전념했던 한 인간은 세상의 격식과 규칙을 깨 버리는 선택으로 자유롭게 됐다. 우리나라 사람의 특질이 아니라면 도저히 할 수 없는 일이다. 이를 받아들이자 베어트리파크가 좋아지기 시작했다. 한 인간의 시간과 노력에 경의를 보내며 원내를 돌아보는 즐거움이 커졌다.

아직도 보지 못한 나무와 꽃들이 많다. 며칠 전에도 조용히 이곳을 찾았다. 숨 막힐 듯 완벽해서 외려 불편했던 인공 정원의 아름다움과는 다른 넉넉함이 있어 좋았다. 계절이 바뀔 때마다 피어나는 꽃과 푸르른 나무는 여전했다. 여기에서만 볼 수 있는 새로움이 무엇인지 알겠다. 앞으로 세종시를 찾을 이유가 생겼다.

죽설헌

화가의 살림집에는
숲이 펼쳐져 있다

막바지 장마로 날씨는 잔뜩 흐렸다. 나무가 **빽빽**하게 들어선 숲은 어두컴컴했다. 당장이라도 비가 쏟아질 듯한 하늘과 어두운 정원은 묘하게 어울렸다. 음습하지만 신선한 기운이 감도는 곳이었다. 발길을 옮길 때마다 푸르른 숲에서 뿜어져 나오는 나무의 향이 은은하게 번졌다. 원래부터 그 자리에 있었던 것 같은 커다란 나무의 주변은 인공의 흔적을 찾을 수 없었다. 비슷해 보이는 나무는 각기 다른 수종들이다. 백일 동안 붉은 꽃이 달린다는 배롱나무가 있는가 하면, 나무줄기가 더 볼 만한 모과나무도 보인다. 군데군데 무심하게 서 있는 소나무를 지나면 단풍나무가 나오고, 곧 은행나무에 다다른다.

자세히 보면 정원수로 잘 쓰지 않는 사과·복숭아·밤·자두·감·앵두 나무가 서 있다. 과수원에 있어야 할 나무들이 정원에 심어져 있다. 흔히 심지 않는 수종이 정원을 채우고 있다. 모든 나무는 숲속에서 함께 자라는 게 아닌가. 이들 나무를 유용(有用)과 무용(無用)으로 나누고, 관상용(觀賞用)으로 이름 붙인 건 사람이다. 원래 자리로 되돌려진 당연함이 이상하게 여겨지는 나의 편견을 탓해야 옳다.

과일 나무들은 모양도 아름다웠다. 봄에 새잎이 돋고 여름에 열매를 맺어 가을의 햇볕으로 익어 간다. 유실수의 열매가 크고 지는 모습은 의외의 볼거리였다. 한여름인데도 수북하게 쌓인 낙엽 위에 사과가 떨어져 있었다. 물기 먹은 녹색 사과의 빛깔이 유난히 고왔다. 떨어진 사과가 만드는 색채의 아름다움은 그림처럼 강렬했다. 과일을 먹을거리로만 생각하면 아름다움이 들어올 리 없다. 큼직한 열매가 떨어져 만드는 시각적 신선함은 놀라웠다. 관습으로 굳어진 고정관념을 깨는 파격의 미학이 이곳에 있었다. 자연은 섣부르게 용도를 정한 적이 없다.

특정 수종으로만 채워진 여느 정원의 획일적 인상이 어디에서 비롯되는지 알았다. 모든 나무는 각각의 존재감으로 모두 아름답다. 정원수가 따로 있다는 고정관념은 알지 못해 생긴 편견이었다. 이곳을 조성한 이는 남다른 데가 있다. 당연한 자연의 조화를 제 공간에 펼쳐 놓았을 뿐이다. 확신의 바탕엔 전문성이 있다. 정교한 장치가 작동되기 위해선 내용을 자세하게 알아야 하기 때문이다. 자연스럽게 보인다는 것은 치밀한 선택의 실천으로 굳은 안정감이었다.

발길을 옮길 때마다 달라지는 수종의 다채로움에 눈길을 빼앗긴다. 밀집된 동백나무의 두터운 잎이 빛을 가려 컴컴했던 숲을 지나면 시야가 밝게 터진다. 커다란 이파리를 부채처럼 펄럭이는 파초의 군락이 펼쳐진다. 거제의 동백 숲을 지나자 베트남의 밀림이 펼쳐지는 듯하다. 이국적 풍경을 만드는 파초는 바로 바나나 나무다. 전라도 나주의 기후와 토질에 적응한 파초는 자생 식물처럼 싱싱한 활력을 뿜냈다. 식물의 아름다움은 어디에 심어져 있느냐에 따라 달라지는 게 분명했다.

바람에 흔들리는 크고 기다란 이파리는 잠시도 가만히 있지 않았다. 큰 나뭇가지의 진폭으로 부딪히는 소리는 싱그러운 쾌감으로 다가왔다. 커다란 잎에 투과된 빛이 만들어 내는 투명한 색채감과 갈라진 줄기가 움직이는 소리는 눈과 귀를 휘어잡았다. 익숙한 우리 수종과 대비되는 독특함은 강렬했다. 파초의 특징과 효과를 알지 못하면 이런 선택은 하지 못했을 터다.

나주에서 대나무 숲이 빠질 수 없다. 인근에 있는 담양은 유명한 대나무 산지다. 빽빽하게 늘어선 대나무는 속이 뚫린 벽처럼 보인다. 작은 잎을 흔들거리며 대가 휘어지는 대나무 숲의 유연한 움직임을 보고 있자면, 지루할 틈이 없다. 대나무는 바람을 거스르지 않고 제 몸의 탄성만으로 제자리로 돌아온다. 숲은 세상의 균형과 조화가 어떻게 이루어지는지 보여 준다.

© 박태우

대숲은 주인장이 제일 좋아하는 풍경이다. 눈 덮인 대나무가 있는 집이란 뜻의 '죽설헌'을 이름으로 삼은 배경이다.

죽설헌의 겨울과 여름

대숲을 거닐 때 들리는 소리는 일품이다. 남도의 풍광을 극적으로 만드는 대나무 숲의 매력은 소리에 있다. 잎이 무성한 여름도 좋지만, 겨울철 대나무의 소리가 훨씬 인상적이다. 여기에 눈까지 쌓인다면 대숲의 분위기는 최고조에 달한다. 이곳의 주인장이 제일 좋아하는 풍경이기도 하다. 눈 덮인 대나무가 있는 집이란 뜻의 '죽설헌(竹雪軒)'을 이름으로 삼은 배경이다.

숲은 나무만의 독무대가 아니다. 나무의 그늘과 빗겨난 지점엔 여러해살이풀이 군락을 이룬다. 오랜 세월동안 기후와 토질에 적응한 키 낮은 식물들은 각자의 세력으로 안정을 이뤘다. 사람은 심었을 뿐 자연이 키운 아름다움이다. 일부러 자르지 않아도 키를 맞출 줄 아는 질경이는 애써 깎아 놓은 잔디보다 자연스러웠다.

난초처럼 잎사귀가 기다란 맥문동의 군락이 꽤 넓게 펼쳐져 있었다. 여기저기 보라색 꽃대가 올라오는 중이었다. 키 작고 이파리가 긴 식물은 동시에 많은 꽃을 피울 때 장관을 이룬다. 만개한 보랏빛 꽃대가 늘어선 모습은 화려한 향연을 벌이는 듯했다. 맥문동이 한두 송이만 피어 있었다면 영락없는 잡초라 여겼을 것이다. 이곳에선 너무 흔해서 발길에 차이거나 약재로 쓰기 위해 밭에서 기르던 풀도 당당한 주인공이 된다.

무성한 나뭇가지로 빛이 가려진 담장 아래엔 옥잠화가 이어진다. 강한 볕을 싫어하는 식물이 절묘하게 제 자리를 잡았다. 여러 줄이 들어간 이파리는 밋밋한 듯 보여도 곱다. 여름의 진객으로 길게 뻗은 하얀 꽃에서 풍기는 진한 향은 숲 전체를 채울 만큼 넉넉하다. 길 따라 이어진 옥잠화는 향기로 천국의 길을 인도하는 듯하다. 옥잠화의 향은 강렬한 유혹이다. 누구라도 홀린 듯 발길을 옮기게 된다.

사람이 많이 지나다니지 않아 수북해진 잔풀들은 녹색의 양탄자를 깔아놓은 듯하다. 밟는 순간 발밑에 폭신한 감촉이 전해져 온다. 눈의 호사가 향긋한 향으로 번지고, 발의 감촉까지 이어지는 정원에서 꽃과 나무와 나누는 대화는 시간가는 줄 모르고 이어진다. 숲에 있는 동안은 꿈을 꾸는 듯했다. 죽설헌에 머물던 시간동안 온 감각이 활성화된 듯 황홀했다. 우리가 바라던 낙원이란 이런 모습일 것이다.

화가와 40여 년의 시간이 만들어 낸 낙원

죽설헌은 박태후 혼자 일군 개인 정원이다. 고향인 나주에서 나무가 좋고 꽃이 좋아 하나씩 심고 가꾸다 보니, 어느덧 지금의 규모로 커졌다. 집 앞마당에서 주변 땅으로, 인근의 배밭까지 사들여 넓힌 면적은 1만2천여 평에 이른다. 47년의 세월동안 가꿔 온 풀과 나무는 빽빽한 숲을 이뤘다. 정원이 있으면 좋겠다는 소박한 꿈은 어느새 현대의 독특한 한국 정원으로 인정받게 됐다. 시작과 끝을 한 개인이 마무리한 덕분에 죽설헌의 개성과 의미는 어느 곳의 정원과도 닮지 않았다는 점에서 각별하다.

발길을 옮길 때마다 수종의 다채로움에 눈길을 빼앗긴
다. 무성한 나뭇가지로 빛이 가려진 담장 아래엔 옥잠화
가 이어지고, 커다란 이파리를 부채처럼 펄럭이는 파초
군락도 펼쳐진다.

죽설헌의 풍경

죽설헌을 가꾼 박태후는 화가이자 조경가다. 밥벌이와 작업을 병행하며 독학으로 자기 세계를 구축한 한국 화가다. 독특한 화풍과 색채를 띤 그림을 그린다. 원예 학교를 졸업하고 관련 분야의 공무원으로도 재직했었다. 조경 업무를 맡아 줄곧 현장에서 일한 경험이 더 중요할 수 있겠다. 몸으로 익힌 전문성은 이 시절의 공력이다.

죽설헌은 시간이 만들어 낸 독특한 정원이다. 숲과 원림, 정원은 정확하게 구분하면 다르다. 조성의 목적과 접근의 방법에 따라 전혀 다른 모습이 된다. 자연의 숲은 자연 그 자체의 아름다움을 즐기는 게 된다. 원림은 자연스러움을 얻기 위해 필요 최소한의 시설만 개입하게 된다. 들어가 볼 수 있도록 공간을 확보하는 일이 우선이다. 나무의 간격을 고려해 오솔길을 내고 돌을 쌓아 놓는 정도로 그친다. 정원은 인공의 공간에 자연을 끌어들여 재배치시키는 일이다. 결국 인위적인 손길의 정도와 관리의 지속 여부가 정원의 성격과 특성을 규정한다.

죽설헌은 원림에 가깝다. 살림집을 중심으로 숲이 펼쳐져 있는 조성법 때문이다. 개인 정원으로 보기엔 규모가 크다는 점에서도 그렇다. 집은 35년 전에 화가가 직접 설계하고, 자재를 수급해 손수 지었다. 지금 봐도 낡아 보이지 않을 만큼 단단하고 균형 잡힌 건축미를 풍긴다. 적당한 물매의 지붕엔 붉은 기와를 올렸다. 집을 둘러싼 숲은 흘러간 세월만큼 무성해졌다. 이들 나무는 옮겨 심은 게 아니다. 전국을 돌며 명목(名木)의 씨를 받아 여기에서 직접 싹을 틔운 나무들이다. 이젠 집이 숲의 일부가 된 듯 일체화된 느낌이다. 자연과 인공이 서로 다투지 않는 편안함으로 안정된 집은 죽설헌의 중요한 원점이 된다. 통창을 가린 나무가 커튼처럼 보일 정도다.

앞마당엔 긴 대나무 장대가 세워져 있다. 녹색 숲을 배경으로 가로지른 직선이 하도 선명해서 나는 짙은 숲과 대나무의 밝은 색이 벌이는 입체 구성인 줄 알았다. 화가다운 치기로 여길 뻔했다. 알고 보니 안주인이 빨랫줄을 끌어올릴 때 쓰는 장대였다. 음영이 짙은 숲에 걸린 빨래와 장대조차 설치 미술을 벌인 듯했다. 억지가 없는 의도의 아름다움은 그의 말을 통해 확인됐다. "그림은 화폭에만 옮길 수 있는 건 아니지요." 죽설헌 안의 사물들과 자연은 대지의 설치 미술이라 여겨졌다. 이곳에 살다보면 저절로 습득되는 능력 같기도 했다. 숲 속의 집, 집 주변의 숲은 주인장이 갖고 싶은 것이 무엇인지 알려주는 것 같았다.

박태후는 주변에서 볼 수 있는 흔한 자생식물들의 아름다움에 주목했다. 끈질긴 생명력과 다양한 종류를 경험으로 알게 됐다. 일부러 가꾸지 않아도 스스로 피고 지는 순환의 질서에 자신은 뿌리를 내릴 땅만 내어 주기로 했다. 죽설헌은 자연을 손대지 않고 그 안에 사람이 들어가는 것이 순리라 여긴 한국식 정원의 구현이다. 인간의 거처 또한 정원의 일부가 되는 일체화를 이뤄 냈다.

앞마당엔 긴 대나무 장대가 세워져 있다. 음영이 짙
은 죽설헌에서는 장대조차 설치미술을 벌인 듯하다.

죽설헌 앞마당

아름다움은 자연스러움에서 나온다

이런 생각을 했던 박태후에게 변화가 생긴다. 프랑스 지베르니에 있는 모네의 정원을 찾은 이후다. 쉰셋의 나이로 지베르니에 정착한 모네는 정원을 가꾸고 그림을 그리는 일로 여생을 보냈다. 시력을 거의 잃어버린 말년에 그린 「수련」 연작은 지베르니의 정원에서 완성되었다.

나도 모네의 정원에 가 본 적이 있다. 프랑스 인상파 화가들에게 큰 영향을 미친 일본 정원의 독특함이 더해진 아름다운 정원이었다. 전 세계에서 모여든 사람들로 정원은 북적였다. 특히 그림에 나오는 다리에선 경쟁적으로 기념사진을 찍으려는 진풍경이 펼쳐졌다. 모네를 기억하고 그림이 탄생된 원점에 있다는 의미 매김 때문인지 정원에 들른 이들의 표정은 밝았다. 조그마한 동네인 지베르니는 정원 하나로 세계인이 기억하는 장소가 됐다.

박태후는 모네의 정원을 통해 같은 화가로서 정원의 힘과 효과를 실감케 된다. 그동안 자신이 일군 정원에 큰 의미를 두지 않았던 그는 죽설헌을 화가의 정원으로 정비해 볼 생각을 하게 된다. 훗날 자신을 기억하는 공간으로서의 본격 정원을 의식하게 됐다고나 할까. 넓은 연못이 주를 이루는 모네의 정원을 인상 깊게 본 그는 이미 만들어 놓은 다섯 곳의 연못에 두 곳을 더했다. 모네의 정원과 달리 인위적 흔적을 남기지 않으려고 연못을 파고 주변 둔덕에 왕버드나무를 이어 심었다. 왕버드나무는 빨리 자랄뿐더러 수형이 아름답

다. 뿌리는 깊고 넓게 퍼져 잔뿌리가 흙을 단단하게 움켜쥔
다. 수질 정화 능력도 뛰어나 연못의 물을 걸러 주기까지 한
다. 그러니 흙이 쓸려 나가거나 물이 더러워지지 않도록 따
로 시설을 마련하지 않아도 된다. 나무 주변엔 습지에 가장
적합한 노랑꽃창포를 심었다. 군락을 이룬 창포는 5월이면
노란 꽃으로 뒤덮인다. 자연스럽게 핀 꽃의 화려한 자태는
텔레비전을 통해 이미 많이 알려졌다.

죽설헌의 아름다움은 사람의 손길이 느껴지지 않는 자
연스러움에서 온다. 옛 건물에 쓰던 기와를 길 양편으로 쌓
아 만든 야트막한 담장이 유일한 인공물이다. 세월이 지나
기와에도 식물이 덮여 자연의 옷을 입었다. 이끼는 기와를
자연처럼 만들어 버렸다. 그렇지 않아도 흙으로 만든 조선
기와는 자연스러웠다. 이런 아름다운 물건이 사라지는 것이
아까웠던 화가는 유일하게 욕심을 내 죽설헌에 옛 기와를 모
아놓았다. 이후는 자연의 시간이 생명을 불어넣어 줬다. 나
무와 풀을 잘 아는 주인장이 기와를 쌓은 담장만으로 죽설헌
을 장식하게 된 이유다. 이 또한 대지의 설치 미술이라 생각
한다. 선택과 배치의 묘수는 자연 스스로 한 일이기 때문이
다. 타고난 미감은 가만히 놔두면 더 아름다워지는 자연의
힘으로 마무리됐다.

죽설헌에선 걷는 일이 전부다. 길을 따라 펼쳐지는 나무
와 풀을 보고 가끔씩 들리는 새소리와 바람소리에 귀 기울이
는 것으로 충분하다. 걷다 보면 왕버드나무가 있는 연못에

다다른다. 지나온 길옆의 모습은 별로 다르지 않다. 의미를 알아차려야 한다. 전체가 비슷한 느낌과 밋밋한 분위기로 완결되었기 때문이다. 드러나지 않게 마무리하는 일이 제일 어렵다. 고수의 솜씨란 이런 것이다.

죽설헌은 개인 정원이라 함부로 들어갈 수 없다. 하지만 꼭 보고 싶은 이들에겐 기꺼이 문을 열어 준다. 그러니 죽설헌에 들어가기 전에는 먼저 예의를 갖추고 진심으로 이 정원의 아름다움에 공감할 준비를 하시라.

○ 공평도시유적전시관

도시의 자랑거리는
눈에 잘 보여야 한다

유럽의 오래된 도시를 찾을 때마다 주눅이 든다. 쌓인 역사의 무게만큼 풍부하게 남아 있는 건축물과 유적, 그리고 유물을 보존한 박물관을 보면서부터다. 제가 살고 있는 도시의 애정을 실감하며 사는 시민들이 부러웠다. 이는 선조가 내린 축복의 선물이다. 사람 사는 일이란 게 동서양이 다를 리 없다. 가진 것이 자랑스럽고 자신감이 넘칠 때 드러내고 싶어지는 법이다. 옛 건물과 박물관이 충실하다는 건 쌓인 역사의 자부심이기도 하다.

　서울은 누가 뭐래도 오래된 도시다. 조선이 수도로 정한 이후의 기간만 따져도 올해로 625년이 된다. 하지만 역사를 느낄 만한 흔적이 별로 남아 있지 않다. 궁궐과 도성의 출입문이었던 광화문, 동대문, 남대문 정도를 빼면 기억에 남는 게 별로 없다. 사람은 눈으로 봐야 믿게 마련이다. 영광의 역사가 실감나지 않는 이유다.

평소엔 별 문제가 없다. 어쩌다 외국에서 온 친구들에게 서울을 보여 줘야 할 때면, 찬란한 한국 역사와 아름다운 서울을 확인시켜 줄 볼거리의 빈약함에 당혹스럽기만 하다. 자신의 자부심은 상대의 인정으로 단단해지게 마련이다. 남아 있는 게 없다면 지난 서울의 흔적을 발굴하고 제대로 복원시켜 놓을 필요가 있다. 국제도시가 된 서울의 격조를 높이기 위해서라도 해야 할 일이다.

유럽의 3대 도시라 할 런던, 파리, 베를린에는 오래된 건물과 멋진 동상들이 유난히 많다. 석조 건축이라 시간을 견디는 힘이 크다는 말은 하지 않는 게 좋겠다. 이들은 하나같이 기대를 넘는 규모와 아름다움으로 우리를 감탄시킨다. 게다가 정교하고 치밀한 만듦새까지 갖췄다. 좋은 자재와 정성을 쏟은 솜씨는 세월을 견디는 힘마저 갖췄다. 중후장대의 영속성을 지닌 사물의 힘은 독특한 오라로 번진다. 이런 걸 만들어 낼 수 있는 게 국가의 역량이다. "조악함은 후진, 세련됨은 선진"이라고 말을 바꾸어도 전혀 무리가 없다.

유적과 유물을 보존하고 보여 주는 박물관의 규모와 시설도 마찬가지다. 건축의 위용을 갖추고 전시물의 수준과 깊이를 잘 드러낼 전시 기법도 충실해야 다가온다. 한 나라의 역사와 문화를 이보다 압축적으로 보여 줄 방법은 없다. 박물관의 규모와 아름다움에 감탄하고, 내용의 수준과 경이로움에 빠진다면 그 나라의 모든 것이 좋아 보인다.

모두가 끄덕일 만한 내용이라면 과거의 시간과 선조들의 업적은 부각시킬수록 좋다. 지금 봐도 살아 숨 쉬는 듯하고 압도될 만큼 정교하게 복원시켜야 효과적이다. 어설픈 접근은 하지 않는 것만 못하다. 결과의 공감이 곧 자긍심으로 이어지게 된다. 집단기억이 단단해져야 성공이다. 도시와 국가의 문화적 자부심은 눈으로 보아서 확인된 믿음에서 비롯된다.

600년 역사 서울에 과거 흔적이 드문 이유

서울은 왜 과거의 흔적이 드물까? 목조 건물의 한계와 전쟁을 겪은 질곡의 세월, 빠른 도시화라는 현실적 이유가 있겠다. 하지만 깊이 들어가 보면, 과거 부정의 정서 때문이란 걸 알 수 있다. 눈에 보이는 것들이 자랑거리였다면 제 손으로 없애는 일은 벌어지지 않는다. 문화적 자부심은 턱없는 자기 비하를 이기지 못했다.

이제 우리는 세계 상위권에 드는 경제적 성장을 이룬 나라의 백성이 되었다. 지나온 세월의 가치와 의미를 영광으로 포장해도 모자람이 없다. 복원된 실물을 자랑거리로 삼는 일에 힘을 쏟아도 좋을 때다. 늦었지만 서울시도 관심을 갖고 여러 일들을 벌이고 있다. 근현대 유산이 도시 재생 사업을 통해 되살아나고 있는 중이다. 과거 서울의 흔적도 복원시키고 있다. 잘 하는 일이다. 세상의 모든 가치는 의미화시켜 확산되면 비로소 주목하게 된다. 서울의 자랑거리는 끄집어 낼 것이 많다. 제대로 좋게 만들어 기대를 넘는 결과물로 눈에 들도록 해야 한다. 볼 때마다 감탄하고 계속 보면서 사랑하게 될 테니까.

사람의 감각은 보고 듣는 것만 서로 공유할 수 있다. 냄새와 입맛, 촉각은 여럿이 나누지 못한다. 모두에게 무엇인가 전달하려면 눈에 보이는 형상과 소리로 바꾸어야 한다는 말이기도 하다. 위대한 역사를 지닌 도시들이 거대한 건축과 상징물을 만들고 말로 소통하는 극장을 세운 이유다. 사람들이 모인 광장의 공개 처형과 전쟁터에 동원된 음악도 다를 게 없다. 인간은 여전히 보고 듣고 말하며 냄새 맡는 감각의 수용으로 소통한다. 첨단의 기술로 무장된 현대에도 전달의 속성은 바뀌지 않는다.

서울시는 한때 서울을 디자인 수도로 만들자며 여러 일들을 벌였다. 새로운 건물과 디자인 슬로건을 만들어 눈에 보이는 성과로 삼았다. 한강에 발음도 잘 되지 않는 세빛섬(Some Sevit)을 만들어 물에 떠 있는 유리 건물을 짓기도 했다. 엄청난 예산을 들인 상징적 사업의 효과는 공감하기 어려웠다. 서울의 품격에 걸맞은 상징물이 되기엔 어설펐기 때문이다. 빈약한 상상력으로 지은 건축물의 예술성이 의심받는다 해도 할 말이 없을 게다.

쓰임새가 모호한 공공시설은 날이 갈수록 흉물처럼 보인다. 세대를 뛰어넘는 공감은 어림도 없다. 그 모습이 보기 싫어 근처엔 가지도 않는 나 같은 사람도 많다. 공공시설물은 도시 구성원 모두의 자부심으로 자리 잡을 만큼 예술성을 갖추어야 옳다. 시대의 역량을 모아 기대보다 멋지고 아름다우며 완벽한 모습이 되어야 하는 것이다. 잘못 만들어진 구조물은 치우는 일이 더 어렵다. 처음 시작할 때부터 잘해야 뒤탈이 없다.

서울에 최대의 도시 유적 아카이브가 생겼다

최근 서울에 쓸 만한 볼거리가 생겼다. 지하철 1호선 종각역에서 인사동 쪽으로 가다 보면 새로 지은 26층짜리 쌍둥이 빌딩이 있다. 바로 센트로폴리스라는 건물이다. 여기 안에 '공평도시유적전시관'이 있다. 건물 안에 유적지가 있다? 지금까지의 상식으로 보자면 이해되지 않을지 모른다. 센트로폴리스 빌딩은 옛 공평 빌딩 자리에 지어졌는데, 2015년에 건물을 짓는 과정에서 과거의 유구들이 발견되었다. 한양을 도성으로 삼은 초기 조선부터 현재에 이르는 켜를 남긴 지층도 찾아냈다. 이들 유구는 타임캡슐처럼 이곳 땅의 시간을 풀어놓게 된다. 조선 시대 최고의 번화가인 건평방이 있던 곳이며, 왕족들의 살림집과 사법 기관인 의금부가 있었으며, 지금의 시장인 시전 자리라는 게 밝혀졌다. 이 일대는 사람들로 북적이던 그야말로 진짜 서울의 모습을 담고 있는 동네였다.

개발과 보존을 결정해야 하는 건축주의 갈등이 시작됐다. 문화재 보존 지역으로 지정되면 재산권의 제한이 생기기 때문이다. 평소 보존의 목소리를 높이다가도 현실의 이익 앞에서는 종종 무릎을 꿇게 된다. 개발의 당위성 앞에 문화와 역사의 효용성은 언제나 뒷전으로 물러나게 마련이다. 지금까지 건물을 짓다 발견된 유물은 얼마나 많을까. 제대로 된 조사와 보존의 방법을 찾지 못한 채 관계 기관의 창고 속에 처박힌 사례가 많다.

바로 옆 동네인 피맛골을 개발할 때도 같은 일이 벌어졌다. 발견된 유구들은 급히 수습되어 박물관에 옮기는 것으로 마무리됐다. 장소의 역사성과 이야기를 지워 버린 피맛골은 더 많은 사람이 찾는 흥미로운 장소가 되길 포기했다. 빈대떡 부치는 냄새가 풍기던 선술집과 골목의 정겨움은 눈에 보이지 않아 아무도 믿지 않게 됐다. 기억과 흔적을 남겨 두지 못한 피맛골은 이제 그렇고 그런 빌딩 속에서 구차한 모습으로 연명하고 있다.

다행히 센트로폴리스 빌딩은 보존과 개발이란 모순을 극복할 묘안을 찾았다. 도시 재생의 필요와 효과를 공감하게 된 시대 변화와도 맥을 같이한다. 건축주는 유구를 지하층에 복원시켜 시민에게 개방하기로 했다. 시청에선 건물의 용적률을 늘려 주어 경제적 이득이 생기게 했다. 멋진 타협으로 도시 유적의 보존이 이뤄졌고, 집단기억으로 되살려지게 됐다.

여러 번의 조사를 거쳐 유구 상태가 좋은 16~17세기의 문화층을 전시관 내부로 옮겨 오기로 했다. 건물 지하에 한 동네가 그대로 재현된 셈이다. 찾아낸 집터의 흔적을 복원시켰고, 골목을 되살려 놓았다. 부서진 집의 흔적은 새로 지어 삶의 현장 모습을 실감나게 보여 주기로 했다. 도시의 역사가 묻혀 있는 장소의 기억을 현재로 되살리는 좋은 방안이다. 지금까지 보지 못했던 문화재 보존 전시관이 만들어진 바탕이다. 규모로 보자면, 서울에 지어진 최대의 도시 유적 아카이브가 된다.

중국 시안을 여행했던 적 있다. 진시황릉 병마용갱(秦始皇陵 兵馬俑坑)을 돌아본 충격이 사라지지 않는다. 규모의 압도감 탓이다. 땅 속에 묻힌 토용(土俑)을 파내 눈에 보이게 하는 작업의 어려움도 함께 상상해 볼 수 있었다. 토용의 표정에서 2000년도 훨씬 넘는 과거의 시간이 생생하게 오늘로 되살아나는 듯했다. 아직도 발굴이 이어지고 있다는 이야기를 들었다.

더 깊은 인상을 받은 것은 근처에 있는 한양릉(漢陽陵)이었다. 진(秦, 기원전 221~206) 멸망 후 세워진 한(漢, 기원전 202~기원후 220)나라 황제 경제(景帝)의 무덤이 발굴되었는데, 이후 발굴 지역 전체를 유리판으로 뒤덮어 관람객이 그 위를 직접 걸으며 내부 부장품들을 보게 했다. 이전에 없던 획기적 전시 기법은 큰 화제를 불러일으켰다. 2006년 때마침 중국을 방문한 프랑스의 시라크 대통령도 한양릉을 찾았다. 제 나라 역사의 우월함을 전달하기 위한 중국의 대처는 놀라웠다. 중국 문화의 진수를 가장 실감나게 볼 수 있는 장소로 문화 강국 프랑스의 대통령을 불러들였기 때문이다.

바로 눈앞에서 보게 된 황제의 부장품들은 추상화된 현대미술을 보는 듯했다. 다가설 수 있는 거리의 가까움은 질감이 전달되는 느낌마저 들었다. 조명 효과까지 더해진 유물 전시관은 중국 문화의 매력에 몰입되기에 충분했다. '중국이 이런 데까지 신경 쓰다니……'라고 생각될 만한 13년 전의 일이다. 그때까지 우리나라엔 이런 시설을 갖춘 유적지가 하나도 없었다는 점에 주목해야 한다.

비로소 서울에서 시안의 문화 충격을 지워 줄 만한 멋진 공간을 만나게 됐다. 공평도시유적전시관을 찾아보고 놀랐다. 한양릉에서 봤던 전시 방식과 규모를 뛰어넘는 대형 전시관으로 마무리된 까닭이다. 발굴된 건물 터의 대부분을 복원시켜 동네의 한 거리가 들어선 듯했다. 황제가 차지한 땅의 크기에 꿀리지 않을뿐더러 진보된 기술로 한양릉보다 더 좋은 조건의 전시 상태를 보여 준다.

유리판 위를 걸으면 조선 골목에 들어선 듯

유리판 위를 걷다 보면 땅속에 묻혀 있었던 건물의 잔해가 실감나게 다가온다. 바닥에 깔린 주춧돌의 간격으로 마루의 크기와 위치가 짐작된다. 필요 최소한의 공간을 알뜰하게 활용한 당시 사람들의 지혜가 눈에 들어온다. 유리로 씌워진 유구를 지나 계단을 내려오면 당시의 골목을 그대로 재현시켜 놓았다. 맨 땅바닥을 걸으며 전달되는 감촉이 좋았다. 담벼락을 쌓은 돌의 질감이 그대로 느껴진다. 옛 골목의 폭은

210센티미터에서 305센티미터 정도였다. 지하철의 내부 폭과 비슷해서, 서너 명이 나란히 서면 꽉 찰 정도다. 상상만으론 실감나지 않았다. 당시 사람들의 생활상을 전철의 크기와 견주면 입체적으로 다가온다. 과거의 역사를 현재의 시선과 비유로 바꾸어 전달하면 훨씬 이해가 빨라진다. 역사책의 한 구절보다 영화적 상상력으로 풀어 낸 영화 한 편의 메시지가 훨씬 살갑게 다가오는 것과 다를 게 없다.

작은 건물은 실제 크기로 복원시켰다. 익숙해서 잘 알 것 같은 한옥의 구조와 의미가 새롭게 다가온다. 같은 말도 누가 언제 어떻게 해 주느냐에 따라 감흥이 전혀 달라지는 법이다. 그동안 우리는 전달의 형식을 크게 신경 쓰지 못했다. VR기기를 통해 집 안의 상황들을 가상현실로 보여 주니 더욱 밀도 높게 이해가 된다. 지금 우리는 최신 기기들이 외려 살아 보지 못한 우리 전통 주택의 매력을 전달해 주는 시대에 산다.

저잣거리의 생동감이 빠질 수 없다. 시장 통의 시끌벅적함과 활기를 보여 주는 일은 실물 크기의 인형이 맡았다. 지금은 생소한 직업이기도 한, 책을 읽어 주는 '전기수(傳奇叟)'와 조족등에 불을 켜 순찰을 하던 '순라꾼'의 모습도 보인다. 스피커에서 흘러나오는 주막의 와자지껄한 소리는 당시 분위기를 돋우기 위해 붙여 놓은 신윤복(1758~?)의 그림을 더 실감나게 했다.

공평도시유적지를 몇 번이나 찾았다. 실재했던 서울의

시간과 기억들을 현재와 견주어 보는 즐거움이 컸다. 이런 선택이 가능해진 시대의 필요를 공감하는 일도 **빼놓**을 수 없다. 앞만 보고 달렸던 시절에는 놓치는 것들이 너무 많았다. 성공의 목표가 무엇인지, 이후의 삶은 어떻게 펼쳐야 할지에 대해 제대로 알지 못했다. 아직도 멀었다고 생각했고, 계속 달리기만 했다. 이제야 도시와 국가에 무엇을 갖추어 놓아야 하는지 돌아보게 된다.

자존감을 채우기도 전에 당혹감이 몰려온다. 왜 앞서가는 나라는 멋진 건축을 남기고 문화를 앞세우는지 알 것 같다. 시시한 것을 버리고 눈에 보이는 하나하나가 대단한 완성도로 만들어져야 할 필요가 공감된다. 내 나라의 역사와 전통을 소중하게 여기고 자부심이 넘쳐야 당당해질 수 있음을 알았다. 자랑은 세련되게 할 때 효과적이란 것도 알게 됐다. 세계가 주목하는 멋진 공간에 이들 자랑거리를 담아 두자는 국민 청원이라도 해 볼까나.

공평도시유적전시관에 복원되어 있는
이문안길 작은 집

복원된 16~17세기 전동 골목을 걸으니
조선 시대에 와 있는 듯하다.

보고 듣고 먹고 노는 사이에

안목은 자란다

보안
1942

형식과 내용이
사이좋은 공간이어라

'보안1942'에서 열리는 북 콘서트에 참석했다. 재즈 평론가 황덕호의 새 책 『다락방 재즈』의 출간기념회를 겸한 자리였다. 지하 2층에 있는 보안클럽(BOANCLUB)은 발 디딜 틈 없이 사람들로 가득했다. 빡빡머리의 연사를 비추는 스폿 조명은 컴컴한 실내 탓에 시선을 집중시켰다. 술렁술렁 넘어가는 입담 속에 담긴 그의 해박함과 열정에 시간이 가는 줄 몰랐다.

　재즈 얘기를 곁들인 시간이니 오디오가 빠질 수 없다. 무라카미 하루키가 썼다는 JBL 4530 스피커가 이곳에 있다. 소문난 오디오 파일이기도 한 이 집 주인장의 취향과도 일치해서 들여놓게 되었다고 했다. 오래된 오디오 기기에서 흘러나오는 마일스 데이비스의 〈SO WHAT〉은 훌륭했다. '재즈에는 JBL 스피커'라는 오랜 공식이 확인되는 순간이었다. 덩치가 커서 아무 데나 들여놓을 수 없는 스피커의 소리를 이곳에서 들을 수 있었다. 보안1942 주인장의 안목과 구사 공력은 천장 높은 이 공간에서 비로소 제 실력을 발휘했다.

그날 이곳을 찾은 손님은 대부분 커다란 스피커에서 흘러나오는 본격 오디오의 음을 제대로 들어 본 적이 없는 젊은이들이었다. 스마트폰에 담긴 재즈 음악 파일을 이어폰으로 들었던 이들의 충격이 큰 듯했다. 실제의 연주가 벌어지는 재즈 클럽의 열기를 생생한 소리로 들려줬기 때문이다. 새로운 체험의 감흥은 쉽게 지워지지 않는 듯했다. 북 콘서트가 끝나고도 자리를 뜨지 못하는 이들이 꽤 있었다. 좋은 오디오는 그곳이 어울리는 공간에서 비로소 훌륭한 소리를 들려준다. 여기 말고 다른 데서 이런 감흥은 쉽게 얻어지지 않을 듯했다.

추사 김정희의 집터에서 한판 재미나게 놀다

자유와 신명의 에너지로 넘치는 클럽의 분위기에서는 모든 형식의 모임을 펼칠 수 있다. 음악에 몸을 맡기고 흔들거나 술에 취해도 좋다. 지하 1층에 있는 미술 전시장 '아트스페이스 보안2(Art space Boan2)'에서 작품을 감상하는 이들도 이곳에서 놀았다. 적당히 음침하고 몽환적 분위기는 익명의 공간처럼 편안했다. 상대가 누구든 상관없고 자신이 누구인지 알릴 이유도 없다. 일렬로 길게 이어진 테이블에 앉아 처음 본 이들과 나누는 이야기도 괜찮았다.

바닥엔 푸른색 조명으로 빛나는 유구(遺構)가 깔려 있다. 건물을 세울 때 출토된 집터를 그대로 보존해 둔 것이다. 이 유구는 추사 김정희의 집으로 추측된다. 당시 추사의 집은 이 근처를 다 덮을 만큼 넓었다는 얘기가 있는데, 그 근거가 되겠다. 과거 이 장소에 있었던 역사의 흔적은 제한적이나마 땅의 기억을 환기시킨다. 발아래의 집터 위에 현재의 관심을 펼치는 일이 특별하게 다가온다. 역사와 전통은 박물관에 들어가 있으면 박제된 유물처럼 변하기 쉽다. 사소하게 보일지라도 눈에 보이고 만져지며 실감되는 현재의 쓰임에서 더 큰 울림이 생기게 된다. 미술책에 나오는 역사적 인물 추사의 집터에서 하루를 재미있게 놀았다, 이 얼마나 각별한 의미의 덧붙임인가.

벽엔 책장 가득 책이 꽂혀 있다. 도서관을 끌어들여 새로운 공간의 상징으로 삼는 곳과 다른 점이 있다. 특별한 성격 규정 없는 책들이 모인 서가다. 주인장이 평소 읽던 책을 모아 뒀다. 다양한 분야의 책은 한 인간의 관심이 어떻게 변화되는지 알 수 있다. 보여 주기 위한 책은 없다. 힘을 뺀 주인장은 자신의 관심과 책을 공유하고 싶었을 뿐이다.

낮엔 지하층에도 햇빛이 비친다. 선 큰 가든 구조의 건물 설계 때문이다. 바닥까지 빈 공간을 둔 건물은 작지만 깊이를 지닌 곳이 된다. 얼핏 보면 눈에 들어오지 않을 세심한 장치들이 지하층에 숨겨 있다. 모두 필요를 채우기 위해 오랫동안 생각하고 한 선택들이다. 깔끔하고 세련된 인테리어

가 주는 차가움을 모두 좋아하지는 않는다. 안정을 주는 곳은 따로 있다. 마치 어릴 적의 다락방이 그 역할을 했던 것과 마찬가지다. 밝은 곳과 어두운 곳의 대비가 있어야 서로 돋보이는 법이다.

기억을 담은 건물에는 시간이 각인한 아름다움이 있다

보안1942는 최성우 대표가 만들었다. 대학 시절부터 꿈꾸어 오던 문화예술 플랫폼은 30년을 훨씬 넘겨 이제 실현되었다. 음악과 미술을 듣고 보며 각종 강연이 펼쳐지는 공간, 즐기고 먹고 자며 놀며 일할 수 있는 시설까지 곁들인 독자적 문화 생태계를 구축했다. 영리의 욕망에 휘둘리지 않고 외압 없는 자유로움으로 기획 내용을 펼쳐 간다. 예술적 삶을 위한 즐길 거리를 제공하고, 소통과 생산에 관여한다. 이 과정의 판을 짜고 펼치는 곳이 바로 보안1942이다.

서울 종로구 통의동 2-1번지, 경복궁의 서문인 영추문 건너편이자 청와대 입구에 보안1942가 있다. 위치를 좌표화시켜야 이곳의 의미가 선명해진다. 이곳 근처에서 조선조부터 관리와 예인들이 모여 살았다. 이들은 궁의 출입이 영추문을 통해서만 가능했다. 근대 이후 서울이 경성으로 불리던 시절에도 문화예술인이 많이 살았다. 해방 이후 현대사에서 청와대는 권력과 주변인의 집합처 역할을 했다. 그래서 이곳은 땅의 시간이 촘촘하게 이어졌고, 장소와 기억이 풀어 낼 이야기가 많다.

최성우 대표는 서울 전역을 답사해 2007년에 이곳을 사들였다. 2004년에 폐업한 이후 빈 건물로 버려졌던 곳이다. 낡은 여관을 헐고 새 건물을 지을 생각이었다. 건물을 해체하며 발견된 상량문에서 1942년에 지어진 건물이라는 걸 알았다. 역사적 가치가 있다는 확신을 했다. 공사를 과감히 중단하고, 건물을 그대로 보존하기로 결심한다. 자신이 등록문화재 제349호인 부산 초량동의 적산가옥에서 초·중·고교 시절을 보냈던 기억 때문이다. 문화와 예술에 조예 깊었던 외할아버지의 영향도 컸다. 기억을 담는 그릇으로서의 집은 되돌릴 수 없는 시간의 아름다움으로 각인됐다. 지금의 보안1942는 부산에 있는 그의 옛집을 서울로 끌어올린 것과 같다.

최성우 대표는 프랑스 파리1대학에서 유학했다. 미술사 박사 과정을 마치고, 프랑스 문화성의 연구 단원이 된 이력도 이 공간을 이해하는 데 중요하다. 2년 넘게 유럽 전역을 돌며 유럽 문화를 직접 체험했다. 루브르 박물관의 수장고를 직접 찾았고, 퐁피두 센터의 내부 시스템이 어떻게 돌아가는지도 알았다. 문화가 현실로 느껴지게 하는 예술경영에 관심을 둔 계기가 된다.

해외 유학파들의 일반적 안착지는 대학이다. 당시 대학엔 예술경영이란 분야가 없었으니, 교수 자리가 그에게 돌아갈 리 없다. 대신 여러 문화 단체와 국가 기관에서 일할 기회를 엿봤다. 내부 사정은 복잡했다. 예술경영의 전문성은 국내 어디서도 인정되지 않았다. 최성우의 소망은 시대의 편견을 넘지 못했고, 관행과 불화하는 일로 마무리됐다.

이후 원하지 않던 집안의 사업을 떠맡아 10년 넘게 경영자로 살게 된다. 외조부가 부산의 큰 기업인 '태창기업'의 창업자다. 어머니는 궁중채화장 무형문화재로 동국대 석좌교수이기도 하다. 그는 장학 사업과 도시 문화 재생 사업에 힘을 쏟는 부산 일맥문화재단의 이사장직을 맡고 있었다. 이런 배경은 중요하다. 교수와 문화 행정 관료, 사업가의 길을 가지 않고 대신 보안1942에 전념하는 그의 진정성이 수긍되기 때문이다.

보안1942가 만들어지기까지 오랜 시간이 걸렸다. 그가 배운 내용을 우리나라에 적용시킬 방법을 모색하고 준비하는 기간이다. 인맥·학맥으로 복잡하게 얽힌 예술계와 단절하고, 제도권 밖의 아티스트를 끌어들여 생활 속의 문화예술 판을 만들기로 했다. 벽에 걸린 미술품과 고상한 콘서트홀에서 듣는 음악이 예술의 전부는 아니다. 일상의 삶 속에 스며들게 해 살아 숨 쉬는 현실로 바꾸어야 하는 것이다.

새 여관인 '보안스테이(Boanstay)'의 벽에 그림이 걸리고, 작가들이 만든 가구와 찻잔이 놓여진다. 직접 써 보고 만져 보아 그 아름다움이 실감되기 위해서다. 건물 앞마당엔 세상의 모든 아마추어가 만든 물건으로 난장을 벌인다. 이름 없는 화가들도, 열정 넘치는 공예가들도 자신의 작품을 선보이고 팔 수 있다.

보안(保安)은 편안함을 지켜준다는 말이다. 과거엔 잠자리를, 지금은 문화의 편안함으로 투숙객을 지킨다. 여관의 역할은 변한 게 없다.

보안스테이

1층 레스토랑인 '33마켓'에선 밥을 팔고, 따스한 햇살이 비치는 창밖엔 테이블과 의자를 놓아 노천카페를 열었다. 도시에 문화예술이 어떻게 개입하는지 실험하고 중개 역할을 해 나가는 중이다. 비영리 전시 공간을 운영해 예술창작자를 끌어들인다. 보안1942는 이를 해석하고 소개해 감상을 유도하고 소비로 이어지게 한다. 자생적 수익 구조를 만들어 순환시키는 것이다. 작품보다 작업이 돋보이게 하고, 작가를 키운다. 작가가 크면 삶도 윤택해지는 선순환 구조를 만드는 노력이다. 경계를 넘나들며 온갖 시도를 벌이는 보안1942의 진화는 현재진행형이다.

보안여관은 건물을 짓지 않고 자라나게 한다

나는 지금의 보안1942가 되기까지 전 과정을 지켜봤다. 귀신이 나올 것 같은 폐가 분위기의 여관을 전시장으로 쓰는 발상에 놀랐다. 냉난방도 안 되는 공간에 사람을 끌어들인다. 허름하고 누추한 건물의 몰골을 그대로 남겨 놓았다. 역사와 기억을 지우기에 급급한 도시의 효율성이 과연 옳은 것인지 되묻고 있다. 있던 그대로의 모습과 상태가 더 새로울 수 있다는 체험의 장소로 여전히 운영된다. 보안여관의 가치는 단지 오래된 건물이어서가 아니다. 현재에도 꾸준하게 쓰이는 생명력에 있다.

보안(保安)은 편안함을 지켜준다는 말이다. 과거엔 잠자리를, 지금은 문화의 편안함으로 투숙객을 지킨다. 여관의 역할은 변한 게 없다. "건물은 짓는 것이 아니고 자라나게 하는 것이다"라는 그의 확신은 옳았다. 2017년 원조인 보안여관 옆에 새 건물을 하나 더 들여 자라게 했다. 어느새 보안여관은 두 채가 되었다.

건축가의 고민이 만만치 않았을 것이다. 새 건물이 낡은 건물을 짓누르는 느낌을 지워야 하니까 말이다. 쌍둥이 건물처럼 비슷한 디자인에 높이만 더 키웠다. 신관을 3미터 정도 뒤로 물러서게 지어, 시각적으로 비슷한 크기로 보이게 하는 기지를 보였다. 건축가 민현식의 솜씨다. 옛 건물의 존재를 외려 부각시킨 성숙한 배려다.

신관엔 구관의 원래 기능인 여관을 부활시켰다. 3·4층을 보안스테이로 이름 짓고 현대판 여관으로 영업한다. 쾌적하고 안락한 잠자리와 품격 높은 실내 디자인으로 눈길을 끈다. 여기서 바라보는 조망이 일품이다. 북악산 봉우리가 창문의 한 프레임에 정확하게 들어오는가 하면 경복궁의 모습도 보인다. 커다란 창문 너머 가로수와 이어지는 궁의 숲은 마치 밀림 속에 있다는 느낌이 들 정도다. 조선의 제왕이 누리던 경치를 보안스테이에서 보게 되는 셈이다.

각 층에는 앞서 말한 보안클럽, 전시장인 아트스페이스, 카페, 책방, 보안스테이가 들어차 있다. 두 건물은 2층에서 다리로 연결되어 과거와 현재를 오갈 수 있게 했다. 두 공간에서 새로운 기획으로 전시가 이어진다. 잊을 만하면 날아드는 전시 안내문은 개관 이래 지금까지 멈춘 적이 없다. 거창한 이슈로 세상의 주목을 끄는 대형 전시는 관심 밖이다. 보안1942가 스스로 기획하고 만들어 낼 수 있는 내용들을 충실히 완결하는 일에 더욱 치중한다. 일테면 일상의 도구들에 주목하고 근원의 먹거리를 추적하며, 자연과 환경의 현재를 환기시키는 식이다.

공간도 훌륭한 콘텐츠다

지금까지 봐 왔던 문화 공간의 외형은 멋지고 화려한데 비해 정작 그 안을 채울 내용이란 빈약하기 짝이 없었다. 자체 기획에 필요한 인원과 역량을 처음부터 고려하지 않았기 때문이다. 몇 년을 버티지 못하고 사라지는 과정을 반복하는 관행은 지금도 이어진다. 내용을 채우는 건 공간이 아니라 사람이다. 공간의 규모에 비해 많은 인원이 일하는 보안1942는 무엇이 중요한지 안다. 콘텐츠 기획력이 남다른 데는 이유가 있다.

동시대를 사는 관심의 인물로서 비슷한 연령의 친구가 벌이는 행보가 궁금했다. 대한민국에선 드문, 타고난 문화인이 최성우다. 사람을 빼놓고는 이 공간을 설명할 수도 없고, 또 이해되지도 않는다. 겉모습만으로 보내는 찬사와 격려만큼 자세한 내막을 모르는 사람들의 의혹도 만만치 않다. 다 감수해야 할 이야기다. 이유야 어떻든 보안1942는 서울이 나아가야 할 방향을 제시한 살아있는 모델이라 여긴다. 한 개인의 전문성과 준비의 철저함으로 만든 공간이 형식이고, 열정으로 채우는 콘텐츠가 내용이다. 이 둘을 조화시킨 바람직한 문화 공간을 보안1942가 제시했기 때문이다.

공간도 훌륭한 콘텐츠가 된다. '보안여관'이라는 판에서만 할 수 있는 일들이 이를 보여 준다. 그 방안과 실천법은 간단하다. "예술가들은 정주하지 않고, 묶어 둘 수도 없는 이들이에요. 나그네는 어디서든 잘 대접받아야 한다고 생각합니다. 떠도는 이들을 편안하게 머물게 하고, 더 큰 세상으로 인도하는 일이 보안1942가 할 일이지요." 그는 허언을 한 적이 없다. 12년 동안 지켜봐서 안다.

아트스페이스 보안2,
아트스페이스 보안1(통의동 보안여관)

© 보안1942

© 보안1942

신관과 구관이 나란히 자라는 보안1942

○
피크닉

남산 회현동에서
오감이 즐거운 소풍을!

서울에서 변하지 않는 곳 가운데 하나가 남산 아랫동네 회현
동이다. 고등학생 시절부터 드나들던 친구의 집은 지금까지
같은 모습으로 남아 있다. 골목과 큰길을 잇는 복잡한 샛길
도 그대로다. 빛바랜 기억 속의 집과 골목이 그대로 있다는
게 믿어지지 않는다. 개발의 손길이 빗겨난 서울 한복판의
동네를 어떻게 받아들여야 할까. 도시의 역사를 간직한 축복
의 지역인가 아니면 교통이 불편하고 고립되어 낙후된 동네
일뿐인가. 평가가 어떠하든, 이곳만의 매력을 주목하는 사
람도 있다.

　회현동의 최고 매력은 입지다. 서울 상권의 중심인 남대
문 시장과 유명 백화점이 코앞에 있다. 전철역도 가깝다. 전
국을 연결하는 철도의 시발점인 서울역도 인근에 있다. 문제
는 동네의 한쪽이 남산자락에 막혀 더 이상 뻗을 수 없다는

데에 있다. 주민들은 지형의 제약으로 인한 불편을 숙명처럼 받아들이며 지내 왔다. 하지만 거주 공간이 아니라면, 생각은 달라진다. 뒤가 막혔다면 앞으로 돌아가면 되고, 산이 있다면 높아서 생긴 이점을 누리면 될 일이다.

조망에 방점을 두면 높을수록 좋다. 산동네인 회현동의 가치가 달라지는 대목이다. 남산의 해발고도는 243미터다. 그 중턱이라 해도 높이가 꽤 된다. 조망의 높이는 상대적이라 주변보다 높으면 된다. 실제 회현동 골목을 걷다 보면 갑자기 시야가 확 터지는 경험을 하게 된다. 빼곡한 빌딩숲을 감싸고 있는 북한산과 인왕산이 한눈에 들어온다. 넉넉한 배경 역할을 하는 산은 서울 도심의 풍경을 극적 감흥으로 바꾸어 놓는다. 가끔 광화문의 고층 빌딩 안에서만 보던 단편적 모습과 다른, 북쪽 서울의 풍광은 신선했다.

높은 지형과 50년 세월의 더께를 활용한 초현실적 건물

복합문화 공간인 '피크닉(piknic)'을 세운 이도 같은 이유로 회현동에 매력을 느꼈다. 산동네의 제약을 외려 조망의 즐거움이 있는 장소로 파악한 것이다. 전시장으로 쓸 만한 건물을 찾던 문화 기획사 글린트(GLINT)의 김범상은 1970년대에 지어져 제약 회사를 거쳐 창고와 사무실로 쓰이던 회현동의 낡은 건물을 그래서 바로 사들였다. 오래된 건물의 뼈대는 튼실했다. 필요한 용도로 건물을 보수했고, 주변의 낡은 건물 사이에 끼인 피크닉은 회현동만의 이야기를 품은 장소로 변신했다. 새롭게 단장한 건물과 대비된 주변의 낡은 집들이 외려 초현실적으로 보인다. 묵은 시간의 잔해들은 현재라는 거울에 비추면 의미가 선명해진다. 남들이 주목하지 않은 장소의 재발견이다.

산비탈에 세워진 건물은 경사면을 어떻게 활용하느냐에 따라 공간 해석이 달라진다. 높이 차이를 이용한 시도도 해 봄직하다. 피크닉 건물이 그랬다. 건물 위쪽으로 들어오면 1층 현관이 아래쪽에서 올라오면 3층이 된다. 지반을 파고든 건물에서만 볼 수 있다. 이 건물을 처음 찾았을 때 신기해했던 이유다.

나는 지하철 4호선 회현역에서 남산 쪽으로 이어진 골목을 통해 피크닉을 찾았다. 입구를 찾지 못해 한참동안 서성였다. 좁은 계단 옆에 들어선 낡은 집을 지나야 문이 나온다는 걸 몰랐다. 미닫이문을 밀고 내부에 들어서자 동굴에 들어가는 느낌이었다. 창문도 없이 길게 이어진 통로 때문이다. 계단을 딛고 올라가자 하늘이 보였다. '내가 지금까지 지나온 곳은 다 뭐였지' 하는 생각이 들었다.

산비탈에 들어선 건물 구조는 지하에서 맨땅으로 나와 다시 건물로 들어가는 것이었다. 어느 쪽으로 들어가든 건물은 하늘과 땅을 관통시키는 통로 역할을 했다. 건물의 구조와 동선은 피크닉을 평소에 보지 못한 특별한 장소로 기억하게 하는 요소였다. 공간을 이동하면서 받는 인상은 영화의 장면 전환 효과와 비슷했다.

건물 위쪽으로 들어오면 보이는 피크닉 현관

붉은 타일로 외벽을 마감한 건물은 새것처럼 단정했고, 50년 넘는 세월의 더께는 두터웠다. 산비탈에 쌓은 수직 벽의 돌 축대 표면은 이끼와 오염으로 칙칙했다. 주차장에서 본 건물에 닿는 진입로는 옛날 동네의 등굣길 같았다. 콘크리트로 포장된 길이었지만, 나무가 우거져 보기 좋았다.

김범상은 2013년에 〈침묵보다 아름다운 소리 ECM〉, 2015년에 〈즐거운 나의 집〉 전시회를 기획해 성공시킨 이력이 있다. ECM 전시회에서 나는 음반을 소개하는 해설자로 참여했다. 음반과 집을 전시의 대상으로 삼았다는 점에 방점을 찍어야 한다. 전시의 기획 자체가 콘텐츠이며 작품이라는 그의 평소 지론을 실천한 성과다. 두 번의 전시는 세상의 주목을 받았지만, 그에게 자기 공간의 필요를 절감하게 만들었다. 임대한 미술관 시설은 마음대로 손댈 수 없어 전시회에 필요한 효과를 제대로 구사하지 못한 불만이 컸다. 결국 그는 평소 꿈꾸던 공간을 직접 완성해 보기로 한다.

김범상은 피크닉을 세울 때 건축가에게 공간 진행을 모두 일임하지 않았다. 자신이 영화를 전공한 미디어 아트 작가이며 전시 기획자 아니던가. 피크닉에서 벌어지는 전시는 영화 연출 같은 작업의 결과물이길 바란 것이다. 영화감독은 주인공의 감정 곡선을 분석해 그래프를 그리며 이야기를 풀어 간다. 체험한 기억과 인상 들을 펼쳐 내는 것이다. 영화감독 빔 벤더스의 다큐멘터리 영화에서 느꼈던 감흥처럼 공감각적 반응이 생기길 바랐다.

깊어진 관심 분야에 대한 공부와 세계 여러 나라를 여행한 체험도 녹여 내기로 했다. 뉴욕 노이에 미술관 안의 카페 사바스키(Sabarsky)는 또 다른 독립 공간처럼 매력적인 분위기를 풍긴다. 카페의 기능이 차와 음식을 먹는 데 머물러선 안 된다. 머물러 있는 동안 시선을 고르고 감정의 충전까지 이루어지는 이완의 시간을 제공해야 제격이다. 일상의 시간을 피크닉의 분위기로 바꾸어 주는 장치로도 카페는 큰 역할을 한다. 레스토랑에서 직접 식물을 키워 음식을 만드는 셰프에게도 힌트를 얻었다. 피크닉에 유리온실을 만들게 된 출발이기도 하다. 공간의 디테일을 채우는 발상과 기법은 베를린, 런던, 도쿄의 인상적인 장소에서 따오기도 했다.

피크닉 안에는 허투루 만들어진 것이 없다

피크닉을 찾았을 때 의외의 선택과 디자인 장치의 촘촘함에 놀랐다. 평소에 봐 둔 것을 실제의 공간에 옮겼을 뿐이란 대답을 들었다. 결국 본 것의 질적 수준에 따라 채워진 내용이 결정된다는 말이기도 하다. 자신의 꿈을 펼칠 공간이 어설픈 연습의 장으로 쓰일 순 없었다. 모든 것은 의도적 선택이다. 1층 바닥에 놓인 바윗돌은 피크닉에서 전시했던 류이치 사카모토의 작품 〈워터 스테이트(water state)〉의 연장선상에 있다. 돌을 좋아한 작가의 아이디어가 수용됐고, 피크닉이란 공간에 녹아들 수 있음을 확신해 놓아뒀다. 바윗돌이란 자연은 인공의 공간 안에서 얼마나 큰 힘을 발휘하는지 보여 준다. 공간은 사람의 생각이 더해져 성장하는 게 맞다. 기존 건물의 창문을 떼어 내고 통유리도 붙였다. 통유리창의 선택은 누구나 한다. 그 유리창의 색깔까지 결정한 디테일은 아는 사람만 할 수 있는 일이다. 창밖의 풍경을 더 극적으로 끌어들여 보고 싶은 의지란 점이 중요하다. 피크닉이란 공간은 무심하게 놓인 것이 더 많은 말을 한다.

1층 카페에 들어서면 창문과 나란히 놓인 긴 테이블이 있다. 길이와 폭은 창문 밖의 시야에 맞추어져 있다. 여기에 놓인 의자의 간격은 공간의 성격을 그대로 드러낸다. 앉은 이들의 시선과 어깨가 서로 부딪히지 않을 만큼 떨어져 있다. 모르는 사람들과 섞여 앉아도 불편하지 않고, 아는 이와 함께하면 친밀함을 느낄 만큼의 간격이다. 일렬로 앉아도, 마주 앉아도 비슷한 느낌이다. 사람과 함께 있는 일이 즐거울 수 있도록 테이블과 의자가 그 역할을 한다.

테이블 위에는 요즘 쓰지 않는 커다란 샹들리에가 늘어서 있다. 총 길이가 15미터를 넘는다. 휘황찬란한 불빛이 바로 머리 위에서 쏟아진다. 긴 테이블과 이질적인 샹들리에의 조합은 패션 칼럼니스트이기도 한 부인의 선택이다. 드리스 반 노튼(Dries Van Noten) 패션쇼에서 영감을 받아 유럽의 무도회장 같은 느낌을 서울에서 재현해 보고 싶었던 것이다. 층고가 낮은 건물에 샹들리에란 어울리지 않는다. 반전은 지금부터다. 높이 다는 대신 길게 이어 달면 된다. 촘촘하게 늘어선 낮은 샹들리에는 끝 쪽을 향해 소실점이 생긴다. 시선

피크닉 1층 카페

이 저절로 집중되고 깊이감을 느끼게 만든다. 이 놀라운 장면에 사람들은 열광한다. 가만히 있을 리 없다. 여기저기서 스마트폰으로 사진을 찍는다. 샹들리에 불빛의 낮은 색온도는 찍은 사진을 따스하고 화려한 색채로 바꾸어 놓는다. 이곳에 있으면 SNS에 올리기 좋은 멋진 사진이 저절로 찍힌다. 사진의 효과까지 고려한 샹들리에는 반복되어 사진 찍히는 명물이 되었다.

카페 테이블의 끝엔 1930년대에 영화관에서 쓰이던 오디오가 있다. 와이드 레인지 시스템이라 부르는 거대한 좌우 대칭의 혼 스피커(horn speaker)다. 철판을 구부려 만든 멋진 자태는 경외심마저 들게 한다. 스피커의 크기와 형태가 주는 오라가 만만치 않다. 화려한 샹들리에의 불빛에 전혀 주눅 들지 않는 당당함의 배치다. 의외의 공간에서 만나게 되는 빈티지 오디오는 소리도 좋다. 저녁이 되면 이 긴 테이블에 사람들이 꽉 찬다. 음악과 웅성거리는 소리는 섞여도 불편하지 않다. 공간의 흥겨움으로 덩달아 즐거워진다. 오디오에도 능통한 주인장의 공력으로 선택한 스피커는 웨스턴 일렉트릭의 16A다.

피크닉은 소풍이란 뜻이다. "건축이란 소풍을 계획하는 것보다 바닥에 깔 돗자리를 준비하고 저녁 만찬을 위한 식탁을 준비하는 일"이란 건축가 플로리안 베이겔(Florian Beigel)의 말에 감명받아 지은 작명이다. 'Picnic'이 아니라 'Piknic'으로 쓰는 이유에 주목해야 한다. 글자의 리듬감을 살리기 위해 디자이너가 c 대신 k로 바꾸고, 윗부분에 점(·)을 찍어 표기했다. 타이포그래피 자체가 공간의 성격을 드러내도록 고려했다.

커다란 피크닉 간판은 옥상에 붙어 있다. 그 앞엔 편한 의자들이 놓였다. 툭 터진 서울의 북쪽이 다 보인다. 소풍 나온 기분을 얼마든지 느낄 수 있다. 편한 자세로 앉아 쉬는 이들의 표정은 밝았다. 멀리 가지 않아도 도심의 소풍 장소로 모자람이 없을 듯했다.

개인의 취향이 공간의 즐거움을 만들다

거미가 집을 짓는 건 생각보다 오래 걸리지 않는다. 더 많은 시간은 어디에 지을지 조건을 따져 보고 바람의 방향을 살피는 데 쓴다. 피크닉도 공간의 성격을 규정하고 채워 넣어야할 것을 선택하는 데 많은 시간을 보냈다. 다양한 협업을 통해 원하던 그림을 완성시키게 된다. 현재 전시장, 카페, 바, 상점, 레스토랑, 도시 농장 등이 들어섰다. 이젠 전시장에서 미술품만 보지 않는다. 먹고 마시고 즐기는 온갖 체험이 함께 이뤄진다. 일상이 소풍처럼 감각되길 바라는 것이다.

이런 생각을 녹여 내는 공간 운영자는 창의적이며 진실해야 한다. 익숙한 것의 반복이 신선할 리 없고, 마음에 없는 선택이 오래가지 못할 것이기 때문이다. 좋은 공간을 체험하게 해 주는 주역은 레스토랑이기도 하며, 개성적 상점이기도 하다. 공간을 살리는 건 임대된 가게들의 수준과 성격과 분위기에서 좌우된다. 하지만 이는 시작일 뿐이다. 공간 운영자의 목표와 취향이 일치될 때 더해진 능력들은 힘을 발휘한다.

개인의 취향이 콘텐츠가 되고 사람을 끌어들이는 수단이 되는 시대다. 공간의 즐거움이 원하는 이들의 취향을 충족시키는 순환의 장(場)이 된다. 미술 전시를 보고, 멋진 분위기의 카페에서 커피를 마신다. 좋은 음식을 먹고 싶을 때 수준 높은 미술관의 분위기가 필요한 이들도 있다. 지금까지 위의 두 역할과 분위기를 유기적으로 결합시키는 일에 소홀했다. 미술관과 유명 레스토랑의 동거가 익숙하게 다가오지 않았던 이유다.

데이트의 장소가 미술관으로 바뀐다는 것은 환영할 일이다. 이곳에서 만나 문화적 갈증을 달래고, 도시의 전망을 즐기면 된다. 우리의 감각 기관은 모두 얼굴에 몰려 있다. 감각의 해소 공간도 멀리 떨어져 있을 필요가 없다. 음악을 '듣다' 보니 그림이 '보고' 싶어지고, 좋은 향을 '맡다' 보니 음식이 '먹고' 싶어지는 것이다. 공감각의 발동이다. 피크닉은 매우 감각적인 장소다.

건물의 독특한 동선은 시선을 지루하지 않게 만든다. 걷는 동안 수시로 바뀌는 분위기이기도 하고, 디자인이라는 볼거리 때문이기도 하다. 좁은 건물의 통로와 난간은 적당한 음침함으로 심리적 피신의 장소로 바뀐다. 하늘 사이에 푸른 나무 이파리가 투명한 햇살로 반짝거리는 게 보인다. 그러다

보니 커피도 마시고 싶고, 이야기도 하고 싶어진다. 도저히 어울리지 않을 것 같은 상황들이 자연스럽게 이어진다. 정색하고 달려들지 않아도 좋다. 소풍 장소에선 모든 것이 너그러워질 테니까.

피크닉을 만들어 낸 것은 개인의 취향이다. 무엇이 아름다움인지, 무엇이 좋은 것인지 아는 취향의 선택에 사람들이 열광했다. 취향은 자신의 감각을 날카롭게 벼린 경험에서 나온다. 그 경험을 이끄는 바탕은 교양(敎養)이다. 음악과 디자인에 많은 관심을 보였던 스티브 잡스(Steve Jobs, 1955~2011)와 언어와 이미지를 남다른 관점으로 풀어 낸 존 버거(John Berger, 1926~2017)는 둘 다 'Liberal Arts(교양)'가 출중했다. 리버럴 아츠(Liberal Arts)는 아름다움을 알면 선택의 자유가 생긴다는 뜻이다. 피크닉은 아름다움이 뭔지 안다. 취향이란 선택을 이미 보여 줬기 때문이다. 이렇게 멋진 판이 깔려 있으니, 우리에게는 소풍을 가서 즐겁게 노는 일만 남았다.

피크닉 옥상,
피크닉 로고

F
1
9
6
3

멈춘 공장에
예술은 숨을 불어넣고

부산에 다녀온 사람이라면 높은 산자락에 들어선 동네와 고층 아파트가 어우러진 특이한 풍경을 안다. 항구 도시 부산은 바다가 보이지 않는 곳이 더 많다. 옛 항구가 있는 남포동, 중앙동 같은 원 도심과 영도대교 쪽이 진짜 부산이라 할 만하다. 항구는 바다에서 보면 육지의 시작이고, 뒤집어 보면 육지의 끝이 항구다. 바다에 막혀 더 이상 나아갈 곳이 없는 부산의 바다 맞은편에는 높은 산밖에 없다. 그러니 도시는 산을 파고들며 확장될 수밖에 없다. 지형의 제약을 극복하기 위한 부산시의 노력은 눈물겹다. 들를 때마다 산중턱에 새로 뚫린 긴 터널과 낯선 다리가 만드는 풍경을 보면 안다.

F1963이 들어선 수영구 망미동 또한 산이 더 많이 보이는 부산의 여느 동네와 다르지 않다. 높은 산에 둘러싸인 분지 가운데에 집과 고층 아파트가 빼곡하게 들어찼다. 그 가

운데에 섬처럼 고립된 채 남아 있는 공장 건물이 보인다. 이곳은 이곳에 오기 위해 지나쳤던 광안대교의 교량 상판을 매다는 굵은 와이어, 자동차용 스프링, 타이어에 들어가는 강선(鋼線) 등을 만드는 고려제강의 건물이다. 전 세계에 돌아다니는 자동차 네 대 중 하나는 이 회사의 제품을 쓴다. 고려제강은 일반인에겐 생소할지 모르지만 'KISWIRE'라는 전문 브랜드로 해외에서 더 유명하다.

F1963은 옛 공장을 개조한 복합문화 공간이다. F1963의 F는 공장(Factory)을 뜻하고, 1963은 현 위치에 들어선 고려제강 수영 공장의 완공 연도를 뜻한다. 숫자로 이름을 붙인 간판과 상호는 대개 의미 있는 연도이거나 동네 주소인 경우가 많다. 이곳 또한 의미의 연도를 이름으로 삼았다. 한 분야만을 고집스럽게 이어온 기업의 성과와 자부심은 성공의 발판이 된 옛 공장에서 비롯됐다. 잊지 못할 출발 원년일 것이다. 사람이 벌인 일이란 결국 시간과 장소로 의미 매김될 때 선명해진다. 고려제강에게 F1963은 추억의 장소이자 애착의 실물이 있는 박물관 역할을 한다. 이곳의 역사와 의미를 수긍하게 될 때 이 공간은 달리 보인다.

고려제강 공장이 세워질 당시 주변엔 논밭뿐이었다. 그러나 이후 도시화가 급속하게 이뤄지면서 없던 길이 생겼고, 집들이 빼곡하게 들어찼다. 도시의 외곽이 어느 새 도심으로 편입되자 공장은 주민들에게 불편의 대상이 되어 버렸다. 대형 트럭이 드나들면서 생기는 혼잡과 공장이 가동되면서 발생하는 소음에 주민들의 민원은 계속 이어졌고, 지역을 선점했던 공장은 결국 쫓겨날 처지에 놓이게 된다. 고려제강은 어쩔 수 없이 공장을 폐쇄하고, 창고로 바꿔 사용했다. 쓰임을 다한 공장 부지는 새로운 활용법을 찾아야 했다. 비슷한 처지에 있는 대부분의 회사들은 값이 오른 공장 부지에 호텔이나 상가를 짓거나 아예 택지로 매각했다. 그러나 고려제강은 그동안 일궈온 사업의 바탕이 된 옛 공장의 흔적을 남겨두고 싶었다.

남길 수 있는 과거는 빠짐없이 남긴 건축물

2016년에 예상지 못한 일이 벌어졌다. 부산은 국제 영화제와 비엔날레를 성공시켜 국제적 주목을 받는 도시다. 그 덕분에 부산 비엔날레 총감독이 불쑥 찾아와 빈 공장 내부를 미술전시 공간으로 쓰고 싶다고 제안한 것이다. 대표는 그 자리에서 제안을 시원하게 받아들였고, 기대하지 않은 대표의 반응에 외려 비엔날레 총감독이 놀랐다. 여기에 기존 전시장을 떠나 빈 공장의 큰 공간을 접한 아티스트들의 반응은 더 놀라웠다. 세월의 더께를 지우지 못한 옛 건물의 분위기와 내부 공간의 크기가 작품과 너무 잘 어울린 것이다. 색다른 장소의 신선함으로 증폭된 전시 효과는 모두의 만족으로 마무리됐다. 비엔날레 또한 성공적으로 끝났다. 이곳을 찾은 사람들은 빈 공장의 내부 분위기와 크기에서 오는 압도감을 화제로 삼았다.

부산 비엔날레를 계기로 고려제강 옛 공장의 매력이 입소문을 타고 전국으로 퍼졌다. 관심을 가진 이들이 공간의 활용과 지속 여부를 물어왔다. 고려제강은 자신의 옛 공장 건물이 지닌 가치를 새삼 돌아보게 됐다. 옛 공장을 보존하겠다는 의지도 더욱 굳어졌다. 남겨진 공간을 어떻게 활용할 것인지, 무엇을 채울 것인지에 대한 구체적인 준비에 들어갔다.

문화 공간으로 활용할 계획을 세우고, 이어 '문화재단 1963'을 설립하게 된다. 재단의 이사장은 평소에 문화의 힘을 신봉하던 분이 맡았다. 전 세계의 미술관을 돌아보고, 콘서트에서 음악을 들었으며, 멋진 도서관의 분위기를 알았고, 좋은 건축이 풍기는 힘을 실감했다. 새로 만들어질 공간에 채워 넣어야 할 콘텐츠는 치밀한 준비 과정을 거쳐 확신하는 내용들로 결정됐다.

공간의 분위기와 건물의 골격을 만들어 줄 건축가로는 고려제강 본사 건물을 설계한 조병수가 선택되었다. 전체 공장 부지의 3분의 2를 차지하는 본사 건물과 주변은 환경 조성을 위해 녹지로 남겨 두기로 했다. 세워질 당시의 흔적을 가장 많이 담고 있는 공장 건물 위주로 작업이 펼쳐졌다. 낮은 층고를 높이기 위해 외벽 보강 공사가 진행되고, 천장이 설치됐다. 건물 사이에 있는 빈 틈은 중정으로 활용됐다.

손을 잘못 대면 돌이키기 어려운 과거의 흔적은 가장 신경 써야 할 부분이었다. 원형의 보존과 현재의 용도를 모두 흰색 구멍이 뚫린 철판 타일로 낡은 건물을 덮었다. 지붕의 합각 부분을 세워 강조된 높이감으로 시각적 포인트가 생긴다. 온실 같기도 하고, 옛 공장의 입구 같기도 하다. 밤이면 조명이 건물로 스며들어 독특한 효과를 낸다.

F1963 스퀘어

충족시킬 방안을 찾아야 했다. 건물 공사에 필요한 최소한의 철거로 작업의 가닥을 잡게 된다. "기존 건물에서 남길 수 있는 것은 빠짐없이 남겨 달라." 고려제강이 건축가에게 강력하게 주문한 요구 사항이었다. 혼선은 없었다. 두 가지 선택이 있다면 원형을 건드리지 않는 쪽으로 결정하면 된다. 과거의 흔적에 손대지 말라는 건축주의 의지는 애원처럼 간절했다. 원형이 사라지면 기억도 지워지는 탓이다.

새로운 용도로 바뀐 미술 전시장의 벽은 이전 공장의 창문이 있던 곳이다. 깔끔한 벽 뒤에는 푸른색 나무 창틀과 노란색 페인트로 줄쳐진 블록 담장이 그대로 남아 있다. 원래의 건물은 그대로 두고, 바깥에 기둥을 세워 새 건축물을 만든 것이다. 옛 건물이 덧붙인 철근과 벽체로 마감한 상자 속에 들어 있는 셈이다. 현재가 과거를 품어 타임캡슐을 보호한다고나 할까. 공사비는 신축을 하는 것보다 몇 배나 더 들어 갔고, 공사 기간도 늘어났다. 있는 것을 없애긴 쉬워도 없던 것을 만들어 내긴 어려운 법이다. 지킬 수 있는 방법은 의지뿐이다. 돌이킬 수 없는 과거의 흔적을 남기기 위해 모든 부담을 감수한 이유다.

세상의 관심을 모은 복합문화 공간 F1963은 이렇게 해서 생겨났다. 건물 안에는 F1963이 직접 운영하는 도서관과 전시장 및 공연장으로 사용하는 석천홀, F1963스퀘어 그리고 국제갤러리 부산점, 카페 '테라로사', 중고서점 yes24, 막걸리 브랜드 '복순도가'가 운영하는 레스토랑, 맥주홀 '프라

하 993' 등의 매장이 입점되어 있다. 건물의 역사성과 분위기에 이들 업소의 개성과 서비스를 더해 체험하도록 꾸몄다. 상품과 서비스가 곧 콘텐츠인 시대다.

예술가들이 이곳을 선호하는 이유

어떤 공간에 있느냐에 따라 정서적 반응이 달라진다. 크다, 넓다와 같은 눈에 보이는 요소만 작용하는 게 아니다. 세월의 흔적, 칠해진 페인트의 색깔, 빛의 느낌, 요소요소에 심어진 풀과 나무, 공간을 채운 냄새까지 영향을 준다. 커피를 마셔도 이곳에서 마시면 더 멋져 보이고, 동일한 물건도 더 좋아 보인다. 무엇을 파느냐보다 어떻게 파느냐가 중요하다. 감각은 구체적인 체험을 통해서만 그 차이를 확연히 드러낸다. 체험의 장소와 공간의 분위기가 곧 감각의 수용을 이끄는 요인이 된다.

감각적인 사람들은 평소 경험하지 못한 새로움에 반응한다. 바닥재로 쓰인 철판은 옛날 공장의 작업용이었다. 이어진 부분의 바닥이 패어 테라조(terrazzo) 기법의 콘크리트로 채워 넣었다. 티가 나는 표면이라 철판처럼 거무튀튀하게 칠했다. 이질적 재료의 묘한 동거에서 현대미술 같은 미감을 발견했다. 나쁘지 않았다. 묘한 분위기에 이끌려 커피를 마시며 사색을 하게 됐다. 공간의 디테일이 만드는 변화다. 인간은 어디에 있느냐에 따라 행동과 태도가 달라진다.

천장을 받치던 낡은 목재 트러스는 그대로 살렸다. 혹시

부러질지 모르는 부위여서 비슷한 목재를 덧대 보강하고, 페인트 색깔까지 맞췄다. 보수된 트러스는 실재했던 공장의 느낌을 생생하게 전달해 준다. 철커덕거리며 돌아가는 톱니바퀴와 스패너로 조이는 볼트의 빡빡함이 손에 느껴지는 듯하다. 마지막 지점에 놓인 큰 트러스가 유난히 눈에 들어온다. 증축된 건물과 연결시키기 위해 만들어진 것이다. 말 없는 트러스가 한때의 상황을 더욱 생생하게 보여 준다.

군데군데 페인트칠이 벗겨진 낡은 철제 작업대 위에서 커피를 마시고 책을 읽는다. 용도가 바뀐 도구는 고풍스러움으로 그 자리에 있다는 걸 특별한 느낌으로 바꾸어 놓는다. 쇠를 다루던 공장에서 흔하게 굴러다녔을 철판과 철제 도구들이다. 큰 실패처럼 보이는 철제 보빈(bobbin)은 무심한 듯 구석에 있다. 연장을 담아 두던 철제 캐비닛도 벽 앞에 놓여 있다. 원래 놓인 장소와 용도를 벗어난 물건들이다. 맥락이 다른 장소로 옮겨진 사물의 존재감이 특별해질 수 있음을 알았다. 색다른 아름다움이다. 인더스트리얼(industrial) 디자인의 매력을 사람들이 받아들이기 시작했다. 철판 바닥과 투박한 철제 테이블이 어울렸다. 작업용으로 쓰던 둥근 회전의자가 철제 보빈과 세트가 되어 사람을 부른다. 테라스로 이어지는 통로에도 낡고 오래되어 손때 묻고 더러워진 물건들이 놓여 있다. 사물의 난장 같다. 연관이 있어도, 없어도 괜찮다. 여기에서는 공간이 사물을 품어 제자리를 잡아 주기 때문이다.

카페 테라로사

카페 테라로사에 가장 많은 사람이 몰린다. 공간의 독특함이 흡인 요소다. 여기에서는 평소 느끼지 못한 체험을 하게 된다. 보지도, 생각하지도 못한 일들이 눈앞에 펼쳐진다. 관행과 상식의 믿음이 깨지며 풍기는 후련함이 있다. 서로 널찍하게 앉아도, 오래 앉아 있어도 눈총을 주지 않는다. 혼자 있어도, 여럿이 있어도 즐겁다. 눈에 보이는 모든 게 신기하고 멋지다. 여기에 온 사람들은 각자 논다. 서로가 서로를 바라보는 재미도 좋다. 예술가들이 영감을 얻는 장소로 이곳을 선호하는 이유일 것이다.

F1963의 진짜 매력은 도서관에 있다. 인간의 공간을 장식하는 최고의 아름다움은 서가에서 나온다. 세계의 유명 도서관이 하나같이 멋지고 아름다운 이유다. 책이 주는 상징과 종이의 물성은 일상에서 느낄 수 없는 오라를 풍긴다. 도서관의 분위기는 딱딱하고 엄숙하지 않다. 전문 큐레이터가 엄선한 음악, 미술, 건축, 디자인, 사진 같은 예술 서적으로만 채워진다. 규모는 크지 않지만, 책을 매개로 사람들을 끌어들인다. 문화 전반의 호기심을 해소시키고 지적 충족의 공간으로 손색없다. 가운데를 비워 토론을 벌이고, 음악 연주장으로 쓸 수 있게 했다. 스탠드형의 긴 열람대도 멋지다. 바로 뒤쪽 서가에서 빼낸 책은 여기서 읽는다. 그 재미가 각별했다. 하루 종일 여기에 앉아 책을 본 적이 있는데, 그날은 밖에 나가기 싫었다.

남겨진 사물은 거짓말을 하지 않는다

쓸모없어 폐허로 방치됐던 공장은 건축가의 솜씨를 더해 아름다워졌다. 낡은 건물을 흰색의 구멍 뚫린 철판 타일로 덮었다. 지붕의 합각 부분을 세워 강조된 높이감으로 시각적 포인트가 생긴다. 온실 같기도 하고, 옛 공장의 입구 같기도 하다. 밤이면 조명의 불빛이 건물로 스며들어 독특한 효과를 낸다.

울창한 대나무 숲이 옛 공장 주변을 둘러싼 '소리길' 공원도 볼거리다. 건물 해체 때 나온 잔해가 보도블록으로 쓰인다. 떼어 낸 크기가 다른 만큼 땅에 박힌 블록은 크기도 제각각이었다. 지워지지 않은 글자가 보였고, 경고의 그림 조각이 비쳤다. 이곳이 무엇을 하던 장소인지 알 것 같다. 남겨진 사물은 거짓말을 하지 않는다. 믿음이 깨지는 것은 눈에 보이지 않아 실감되지 않을 때다.

F1963은 낡은 것에 현재의 관심을 결합시켰다. 새것을 낡게 보이게 하는 술수를 쓰지 않는다. 날것 그대로의 흔적을 드러내고 기물을 배치시켜 세월의 더께마저 아름다움이 되었다. 건물과 흔적을 버리지 않고 보존한 덕분이다. 어느 재벌가가 완공된 F1963을 돌아보고 몹시 아쉬워했다는 말을 들었다. 멋지게 변한 옛 공장이 기대 이상의 감동으로 다가왔기 때문이다.

고려제강보다 훨씬 크고 오래된 기업도 있다. 하지만 창업 당시의 업종이 이어지고 당시 건물을 보존하는 기업은 많

지 않다. 이유는 간단하다. 하고 있는 일의 확신과 자부심이
옅어서다. 바꾸고 버려도 괜찮을 것이라 여겼던 과거는 한번
바꾸고 버리면 원상태로 회복되지 않는다. 후회는 언제해도
너무 늦다.

○

오드 메종

인생에 한번쯤은 누려도 좋을,
세상 어디에도 없는

신사동 가로수길을 어슬렁거린다. 딱히 볼 일이 있어서가 아니다. 동네의 분위기와 활력을 느끼고 싶었을 뿐이다. 모세혈관처럼 갈라진 뒷골목에 들어선 가게들이 낯설다. 업종을 바꾼 새 가게라서 그렇다. 동네의 활기가 예전 같지 않다고는 하나 그래도 생동감은 여전했다. 가로수길의 진짜 매력은 이면 도로에 감추어진 감각과 취향을 파는 가게에 있다. 도시에 활력을 불어넣는 건 이런 전문성과 개성이 드러나는 멋진 가게들이다. 사람들의 발길이 뜸해졌다면 그 동네가 지루해졌다는 뜻이다.

　이면 도로를 지나면 가게의 간판이 보이지 않는 주택가가 나온다. 이곳에 우뚝한 성채처럼 서 있는 건물이 있다. 주변 분위기와 어울리지 않아 당혹감마저 든다. 검정 벽돌의 무게감으로 묵직해 보이는 건물에는 창문이 없다. 뭔가 특별한 용도를 짐작게 하지만, 건물의 정체는 알기 어렵다. 잔디와 잔돌을 가로지르는 짧은 디딤돌과 붉은색 아크릴 장식을 한 현관이 아름다웠다. "ODE"란 영문만 쓰여 있는 간판만으로는 도저히 이 건물에서 무엇을 하는지 짐작하기 어렵다. 얼핏 비치는 현관문 너머의 직원들은 젊고 건장하며 미남 청년들로, 정장 차림으로 서 있다. 영화에서나 봤음직한 비밀 사교 클럽 같은 분위기였다.

건물 안에 들어서자 비로소 ODE(오드)가 무엇을 하는 곳인지 감을 잡았다. 최고의 품질을 추구하여 개발된 '하이엔드 오디오(High end Audio)'를 취급하는 전문 매장이자 수입 업무까지 병행하는 회사였다. 건물의 전 층은 오디오 기기의 쇼룸과 브랜드별로 음악을 들을 수 있는 청음 공간, 돌비 애트모스(Dolby Atmos)가 구현되는 시네마 룸 등으로 쓰이고 있다. 세계 여러 나라의 오디오 숍을 둘러봤다. 물론 전부 다 가 보진 못했지만, 독립 건물 전체를 오디오만으로 채운 곳은 없었다. 세련된 비엔나와 뮌헨 같은 유럽의 도시에서도, 없는 것이 없다는 홍콩과 도쿄에서도 보지 못했다. 놀라웠다.

우리가 하는 일이 곧 세계 최고인 경우를 심심치 않게 본다. '오드 메종(ODE Masion)' 내부의 아름다움과 갖추어 놓은 오디오 기기의 수준을 보면 최고란 수사가 공허하지 않다. 요즘 화제가 되는 핫 플레이스가 많은 세계 도시의 예를 들 때, 슬슬 서울이 등장하는 추세와도 통한다. 적어도 오디

오를 판매하고 즐기는 영역에선 남들이 생각하지 못하는 수
준을 실현했다. 실체가 없는 자부심이란 꾸며 낸 억지이기
십상이다. 유럽이나 미국, 일본의 문화 도시에서나 있을 법
한 최고의 상태를 서울에서 경험하게 되는 감회는 각별하
다. 단언컨대 내가 아는 범위 안에서 가장 멋지고 본격적인
오디오 숍은 서울 신사동에 있다. 오드가 있어 서울이란 도
시의 매력을 하나 더 더했다고 해도 좋다.

소리의 황홀을 경험할 수 있는 곳

'오드 메종'은 우리가 그 안에 있다는 것만으로도 특별해지
고 가슴 뛰는 공간 체험을 선사한다. 처음 건물을 설계할 때
부터 용도를 분명히 했으므로 어설픈 부분이 없다. 건축미와
실내 장식의 수준이 그 무엇을 생각하든 기대 이상이다. 방
의 면적이 넓고 천장이 높아서 평소 느껴 보지 못했던 넉넉
한 시각적 포만감을 준다. 서울의 여느 빌딩에 들어서면 왠
지 불편했던 이유를 알 것 같다. 불과 몇 미터, 몇 십 센티미
터가 커졌을 뿐인데 규모의 여유를 몸이 먼저 받아들이는 듯
하다.

　비례와 균형의 아름다움이 건물에 있다면, 좋은 재질이
풍기는 세련된 느낌은 실내 디자인이 주었다. 여기에 더해진
고급 가구와 집기는 격조 높게 방문객을 배려했다. 이곳에서
일하는 직원들의 태도와 몸가짐은 럭셔리의 실체가 무엇인
지 실감케 된다. 꿈이 너무 생생하면 현실처럼 여겨진다. 반

대로 현실이 꿈처럼 느껴지면 외려 비현실적으로 다가온다. 눈앞에 펼쳐지는 오드 메종의 고급스럽고 호화로움에서 느껴지는 당혹감은 바로 이런 이유에서였다.

건물의 각 층은 세계의 좋은 오디오 기기를 직접 보고 듣고 확인해 보는 독립 공간으로 구성되어 있다. 대단하고 엄청난 것들 앞에선 설명이 필요 없다. 보는 순간 그 자체의 존재감이 먼저 느껴지기 때문이다. 이는 미술관에서 만난 인상 깊은 그림의 효과와도 비슷하고, 유명 콘서트홀에서 실연의 감동을 느낄 때의 상태와 다를 게 없다. 생생한 음악을 들려주기 위한 오디오 기기들은 하나같이 본격적인 수준의 물건들이다.

모든 것을 인스턴트화시키는 경박단소(輕薄短小)가 미덕인 시대에 중후장대의 스케일로 접근하는 브랜드 제품이다. '이 정도면 됐다'가 아닌 '이 정도가 아니면 안 된다'를 보여 주는 것 같았다. 이들 오디오를 제대로 즐기기 위한 전제가 공간이었다. 원하는 음악을 무엇으로 어떻게 들을 것인가를 거꾸로 사용자들에게 묻고 있는 것이다. 오디오를 포함한 공간 전체의 구성이 경험의 대상이었다. 예전의 오디오 숍과 다른 부분이다. 오디오 기기를 파는 게 아니라 그를 포함하는 라이프 스타일이 상품인 셈이다. 음악과 오디오가 있는 풍요로운 삶의 모습을 제안하고, 그를 직접 체험시키는 데 모아져 있다. 이제 우리는 생각만으로 세상을 살지 않는다. 감각으로 생각하는 시대를 산다.

그 안에 파격적으로 디자인한 새로운 브랜드의 오디오 기기가 놓여 있다. 두 세대 전쯤의 낡은 기술 방식을 복원시킨 혼(horn) 스피커와 3극 진공관의 조합은 그 크기와 형태를 납득케 하는 소리를 들려준다. 눈이 귀를 쫑긋 세우게 하고, 귀가 눈의 초점을 고정시킨다. 단번에 흘러나오는 소리에 몰입된다. 너른 공간에서도 주눅 들지 않는 커다란 스피커가 음악을 도취의 상태로 이끈다. 과거의 좋았던 것을 다시 끄집어 낸 레트로풍의 오디오다. 디지털 전성시대를 산 세대에게 과거는 너무 매력적인 새로움이다.

　　오디오 기기는 소리를 내는 조각품 같다. 좋은 소리를 위해 결정됐다는 합금 주물로 만든 형태는 지금까지 보지 못했다. 제작자의 상상력은 예술적 감수성에서 비롯되었음을 알겠다. 주물 표면이 매끈해지도록 수없이 닦아 냈을 공들인 솜씨는 독특한 금속광택으로 빛났다. 쓰지 않을 때 보이지 않게 가려 둘 필요가 없다. 스피커는 쓸 때보다 그냥 서 있는 시간이 더 많다. 아름다움이 왜 필요한지 납득하지 못하는 이들에게 스피커는 그 답을 일러 준다.

　　커다란 필라멘트를 달궈 벌겋게 달아오른 진공관 앰프가 스피커를 밀어 준다. 따스하고 포근하게 새어 나오는 불빛은 보랏빛을 품었다. 어둑한 실내조명에 섞인 빛은 관능적이기까지 하다. 온더락스(on the rocks)된 차가운 위스키가 목을 타고 내려가는 동안 소리의 감흥은 커져만 갔다. 모두 눈앞에 보이는 진공관 앰프의 불빛이 만들어 낸 소리 때문이다. 순간 들게 되는 행복감이 중요하다. 앰프를 켜면 진공관의 불빛은 내일도 또 모레도 켜진다. 오디오는 단속적 쾌감을 반복해 주는 쓸 만한 물건이다.

유리창 너머로 보이는 정원의 자작나무가 흔들렸다. 음량을 크게 틀어 놓은 스피커의 볼륨 때문에 그런 줄 알았다. 소리는 농밀해져 바이올린의 선율조차 흐느끼듯 들리게 했다. 너무 사실적이어서 온몸에 소름이 돋는 듯했다. 소리의 황홀이란 이런 상태를 말하는 것이었다. 눈과 귀, 혀와 손끝이 동시에 반응하는 공감각이었다. 어디서도 체험하지 못한 강렬함이었다. 상태를 반복하고 싶은 충동이 일었다. 당장 눈앞의 스피커와 앰프를 사고, 공간의 분위기를 이처럼 꾸미고 싶어졌다.

각 층마다 펼쳐지는 하이엔드 오디오들의 향연

한 층을 더 올라가면 다른 분위기의 방에 오디오 시스템이 연결되어 있다. 푹신한 가죽 의자에 앉으니 마치 영화 속 주인공이 된 듯하다. 바텐더가 만들어 준 칵테일 한 잔을 들고 함께 온 이와 건배를 했다. 타이밍에 맞추어 엘렌 그리모(Helene Grimaud)의 피아노 연주곡이 흘러나왔다. 단연 최고의 피아노라 불리는 스타인웨이 앤드 선즈(Steinway & Sons)의 매끄러운 검정 광택을 그대로 빼어 박은 덴마크의 스피커 링도르프(Lyngdorf)는 엘렌 그리모를 불러낸 듯 생생한 음악을 들려줬다.

건물의 각 층은 세계의 좋은 오디오 기기를 직접 보고 듣고 확인해 보는 독립 공간으로 구성되어 있다. 대단하고 엄청난 것들 앞에선 설명이 필요 없다. 보는 순간 그 자체의 존재감이 먼저 느껴지기 때문이다.

오드 메종의 2층과 3층

군더더기 없이 깔끔하고 미니멀한 실내 공간 또한 매끄러웠다. 벽에 붙은 사진 작품은 분위기와 썩 어울리는 조합이었다. 검정 프레임이 된 창문 너머의 풍경은 정갈하고 힘 있는 한국의 모습을 보여 준다. 작가의 역량이 놀라웠다. 가구와 사진 액자로 포인트를 삼은 커다란 방엔 길고 높은 스피커의 존재감이 더해졌다. 양편에 서 있는 두 대의 스피커는 맑고 투명한 음감으로 실내를 꽉 채웠다. 음악이 흐르는 동안 방안의 모든 것이 활성화되어 움직이는 듯한 환영을 봤다. 보이는 것과 들리는 것이 구분되지 않는 동조 현상일지 모른다. 기분에 따라 재즈와 록 음악도 듣고 싶다. 실연의 감동을 내 방에서 똑같이 느낄 수 있을 듯하다.

또 한 층을 올라가면 집안의 영화관이라 할 시네마 룸을 만들어 놨다. 소리가 새어 나가는 걸 막기 위해 차음·방음 시설을 했다. 좋은 울림을 위해 직육면체의 방 전체를 편백나무 블록으로 처리했다. 음향 효과를 위한 선택이지만 은은하게 배어나오는 나무 향이 좋다. 편안한 의자에 앉아 볼륨을 크게 해서 영화를 봤다. 성능 좋은 프로젝터와 결합된 AV사운드는 영화를 몇 배나 실감나게 해 준다. 시간을 맞추지 못해 가지 못했던 영화관이다. 아무 때나 남의 눈치 보지 않고 마음껏 영화를 볼 수 있기를 진심으로 소망했다. 집의 크기에 따라 시네마 룸을 축소해도 비슷한 효과가 났으면 좋겠다. 기술 자문과 설치를 해 주고, 기기 운용에서 공간의 시공까지 맡아 해 주는 시스템이 있다. 집을 새로 짓는다면 꼭 이렇게 영화를 볼 수 있는 시설을 갖춰 놓을 것이다.

세상에서 가장 성능이 좋다는 스피커와 앰프의 조합을 갖추어 놓은 방도 있다. 궁극의 사운드를 만들기 위한 각자의 조합도 자문(諮問)할 수 있다. 오디오 기기를 좋아하는 이들이 제일 많은 관심을 보이는 곳이다. 오드 메종은 오디오 마니아들의 희망을 현실로 만들어 준다. 좋은 음향을 위해 흡음과 차음 분산율을 최적화한 공간으로 설계해서다. 잔향과 울림도 적절하다. 자칭 최고의 스피커를 만들었다는 제작자가 직접 찾아와 여기를 돌아봤다. 그는 지금까지 한 번도 보지 못한 완벽한 공간이라고 칭찬을 아끼지 않았다. 최근엔 자국의 스피커를 수입해 준 고마움을 표시하기 위해 에스토니아 대통령이 방문하기도 했다. 오드 메종의 진면목을 확인하기 위해 내부 공간을 일일이 체험하려면 하루도 모자란다.

인생이 허망해질 때 음악을 선물하다

누구든지 한 번쯤 삶의 의미와 자신의 현재를 비추어 보게 마련이다. 인생의 허망함이 다가올 나이쯤 음악과 오디오를 알게 된 이가 있다. 클래식 음악에 심취해 섬세한 선율과 음색을 내주는 오디오의 세계에 빠져 들었다. 오디오란 소리의 완성으로 이상을 실천하는 과정의 예술이란 점도 알게 됐다. 음악의 위안으로 삶이 바뀔 수 있음도 깨달았다. 도취의 황홀을 이끌어 내기 위한 과정도 행복했다.

최고 수준의 오디오가 어떤 것인지 파악했고, 제대로 울릴 공간을 갖췄다. 성격상 과정의 타협이란 있을 수 없다. 하루 종일 음악을 들으며 세월을 보냈다고 했다. 관계자의 전언이 아니라 당사자에게 직접 들은 이야기다. 그동안 세상에 좋다는 오디오 기기는 모두 섭렵했다. 평생 걸릴지 모르는 과정의 단축이 이루어졌고, 차츰 자신의 오디오 세계가 구축되어 확신의 경지를 열었다.

　　인류의 위대한 음악 유산에 탄복했고, 그 깊이의 감동에 눈물을 흘렸던 시간의 선물이다. 늦깎이로 비로소 자신이 무엇을 좋아하는지 알았다. 진심으로 사랑하게 된 음악이 자신의 인생에 얼마나 큰 힘으로 작용하는지도 알게 됐다. 그동안의 경험을 사람들에게 기꺼이 나눠 주자는 마음으로 자신이 느꼈던 음악적 울림과 깊은 감동의 공감을 구체화할 꿈을 꾸게 됐다. 최고 수준의 오디오 공간을 만들기로 한 결정적 이유다.

　　노(老) 사업가의 결단은 단호했다. 본 업종과 전혀 관계없는 오디오 사업부를 차려 독립시켰다. 수익성을 우려한 반대 의견이 더 많았음은 충분히 짐작할 수 있다. 세상엔 자신과 같은 사람들도 있으리란 생각이 우선됐다. 오드 메종으로 새로운 삶을 제안한다. 누구나 아름다움이란 사치와 허영을 인생의 한 지점쯤에 누려 보길 바랐다. 훌쩍 늙어버린 자신에게 허망함 대신 선물 하나 쯤은 챙겨 주라는 거였다.

　　더 나은 삶을 이끌어 준 음악과 오디오의 위안이 모두

의 공감으로 커져야 했다. 오디오를 중심으로 한 공간의 아름다움과 관련 교양의 공급까지를 오드 메종의 사명으로 삼았다. 이전까지 오디오를 플랫폼으로 삼은 문화 기획과 실천은 없었다. 음반 매장을 냈고, 제주와 대구에도 오드 메종을 세웠다. 다행히 여력이 있어 투자를 멈추지 않았다. 낡은 반복을 거부하는 한 인간의 체험과 성찰은 세상에 유용하게 돌려졌다. 사람들은 오드 메종의 화려함에 가려진 숨은 의미를 잘 모른다.

오드 메종 3층의 시네마 룸

○

부록 — 윤광준이 사랑한 공간 20 가이드

1부

일상을 아름답게 만드는 공간

서울 6호선 녹사평역
www.seoulmetro.co.kr
facebook @SeoulMetro
서울시 용산구 녹사평대로 195
02-6311-6291

앤트러사이트
http://anthracitecoffee.com
facebook @anthracitecoffeeroasters
instagram @anthracite_coffee_roasters
합정점
서울시 마포구 토정로5길 10
02-322-0009
제주점
제주시 한림읍 한림로 564
064-796-7991
한남점
서울시 용산구 이태원로 240
02-797-7009
서교점
서울시 마포구 월드컵로12길 11
02-322-7009
연희점
서울시 서대문구 연희로 135
02-332-7991
강남점
서울시 서초구 강남대로 405 통영빌딩 1층

씨마크 호텔
www.seamarqhotel.com
instagram @seamarqhotel

강원도 강릉시 해안로 406번길 2
033-650-7000

나의 화장실 순례기
사운즈 한남
facebook/instagram @sounds.hannam
서울시 용산구 대사관로 35
02-511-7443
포시즌스 호텔 서울
www.fourseasons.com/kr/seoul
facebook @FourSeasonsHotelSeoul
서울시 종로구 새문안로 97
02-6388-5000
파라다이스시티 호텔
www.p-city.com
facebook/instagram @pcitykorea
인천시 중구 영종해안남로 321길 186
1833-8855
망해사 해우소
전라북도 김제시 진봉면 심포10길 94
063-545-4356
초량1941
www.choryang.com
instagram @_choryang
부산시 동구 망양로 533-5
051-462-7774

2부

그곳에서 쇼핑을 하면
즐거운 이유

스타필드
www.starfield.co.kr

facebook @starfield.official.kr
instagram @starfield.official
하남점
경기도 하남시 미사대로 750
1833-9001
고양점
경기도 고양시 덕양구 고양대로 1955
1833-9001
코엑스몰점
서울시 강남구 영동대로 513
02-6002-5300

현대카드 라이브러리
http://library.hyundaicard.com
회원 전용 입장
디자인 라이브러리
서울시 종로구 북촌로 31-18
02-3700-2700
트래블 라이브러리
서울시 강남구 선릉로 152길 18
02-3485-5509
뮤직 라이브러리
서울시 용산구 이태원로 246
02-331-6300
쿠킹 라이브러리
서울시 강남구 압구정로 46길 46
02- 513-2900

풍월당
www.pungwoldang.kr
facebook/instagram @pungwoldang
서울시 강남구 도산대로 53길 39, 4~5층
음반 매장 02-512-2222
아카데미 02-512-2356

동춘175
www.dongchoon175.com
facebook/instagram @dongchoon175
경기도 용인시 기흥구 동백죽전대로 175번길 6
080-500-0175

3부
작품 말고도 볼 것이 많은
예술 공간

국립현대미술관 서울관
www.mmca.go.kr
facebook/instagram @mmcakorea
서울시 종로구 삼청로 30
02-3701-9500

롯데 콘서트홀
www.lotteconcerthall.com
facebook @LOTTECONCERTHALL
서울시 송파구 올림픽로 300 롯데월드몰 8층
1544-7744

아모레퍼시픽 미술관
http://apma.amorepacific.com
instagram @amorepacificmuseum
서울시 용산구 한강대로 100
02-6040-2345

뮤지엄 산
www.museumsan.org
facebook/instagram @museumsan
강원도 원주시 지정면 오크밸리2길 260
033-730-9000

4부

개인 취향과 사회 가치가
제대로 구현된 곳

부천아트벙커 B39
https://b39.space
facebook/instagram @b39.space
경기도 부천시 신흥동 삼작로 53
032-321-3901

베어트리파크
http://beartreepark.com
facebook/instagram @beartreepark
세종시 전동면 신송로 217
044-866-7766

죽설헌
전라남도 나주시 금천면 촌곡2구
010-3657-7979
죽설헌은 박태후 화가의 개인 화실입니다.
항상 열려 있는 공간이 아니므로, 방문 전에
반드시 연락해야 합니다.

공평도시유적전시관
서울시 종로구 우정국로 26, 센트로폴리스
지하 1층
02-724-0135

5부

보고 듣고 먹고 노는 사이에
안목은 자란다

보안1942
http://b1942.com
facebook/instagram @boan1942
서울시 종로구 효자로 33
02-720-8409

피크닉
www.piknic.kr
facebook/instagram @piknic.kr
서울시 중구 퇴계로 6가길 30
02-6245-6372

F1963
www.f1963.org
instagram @f1963_official
부산시 수영구 구락로 123번길 20
051-756-1963

오드 메종
http://ode-audio.com
instagram @ode.seoul
서울시 강남구 도산대로25길 15-6
02-512-4091